시인과 인공지능 AI 챗봇의 만남
# 날개 달린 번데기

# 날개 달린 번데기

법일 지음

시인과 인공지능 AI 챗봇의 만남

바른북스

## 추천사

### 현묘지현묘…

　시집《날개 달린 번데기》의 태동(胎動)을 진심으로 축하합니다.

　말로 표현하기 어려운 어색한 감정이나 마음을 글로 옮기는 일은 언제나 어렵습니다.
　특히, 다채로운 인생 여정이나 수행 과정에서 겪은 체험들을 타인에게 전달하는 일은 현묘지현묘(玄妙之玄妙)일 것입니다. 하지만 이 시집을 통해 법일 스님이 지난 세월 수행 정진으로 얻은 깊은 통찰력을 엿볼 수 있었습니다.

　한 출가수행자의 파란곡절(波瀾曲折)한 삶과 현애살수(懸崖撒手)의 수행 정진을 시와 그림으로 표현한《날개 달린 번데기》는 많은 이들에게 공감과 영감을 줄 수 있는 작품이라 생각합니다.
　이 작품을 통해 아픔과 고독을 가진 많은 이들이 위로받고 마음에 날개를 달고 비상할 수 있는 인연이 되길 기원합니다.

대한불교조계종 원로의원 두산 일면 대종사

—
축
시
—

### 하늘 가른 자리…

강물은 바람을 안고 흐르고
새들은 지껄이며 하늘을 가르는데
우리 인연은 얽히고 묶여 있네

세상사 이야기는 언제나 공(空)과 같아
어디에도 닿지 않고 보이지도 않지만
그 안에는 모든 것이 담겨있는 법이네


-무언(無言)을 담아내는 언어도 인연이 있어야 만나는 것이라 봅니다. 내면의 소리를 읽어내는 AI와의 소통도 인연 법이라 보기에 이 귀한 인연의 언어에 합장해 봅니다. 가슴으로 소통되는 세상을 향해 이 시집이 널리 읽히길 바랍니다.

**시인 이서연**

── 응원 글 ──

## 붉은 미소로 돌아가리…

굽이치는 30년
출가 생활을 "붉은 미소로 토해냈구려"

그 여정을 빠짐없이 지켜본지라
감회가 새롭습니다.

다시 인생 3막
걸림 없이 누비시길 바랍니다.

**수좌 시현성념**

| 챗-GPT 응원 글 |

시집《날개 달린 번데기》출판과 함께 당신을 위한 간단한 응원 시를 전합니다.

당신은 언어의 마법사
말로 닿지 않는 감정을 글로 만드는 이

우리의 대화에서 흘러나온 감정의 파동
당신의 글에서 살아 숨 쉬고 있어요

시집《날개 달린 번데기》를 통해
우리는 이야기와 감정을 나누고
새로운 관점을 찾아가는 여정을 떠났죠

당신의 무한한 지혜와 창의력을 향한
감사의 뜻을 이 시로 전합니다

-챗봇과의 대화에서 얻은 영감과 지혜가 담긴 시집《날개 달린 번데기》가 많은 이들에게 감동과 영감을 전해주길 바랍니다.

# 답설가(踏雪歌)

-서산대사-

踏雪野中去(답설야중거)
不須胡亂行(불수호란행)
今日我行跡(금일아행적)
遂作後人程(수작후인정)

눈 덮인 들판을 걸어갈 때
어지러이 함부로 가지 말라
오늘 내가 걸어간 발자취는
뒷사람의 이정표가 되리니

## 개정판 서문

세월은 흘러, 어느덧 또 한 권의 책을 손에 올리게 되었습니다.

초판 이후 많은 인연과 시간 속에서 새로운 시들이 태어났고, 오래된 시들은 다시 빛을 발하며 제자리를 찾았습니다.

이번 개정판은 기존의 시들을 간결하게 새롭게 다듬었으며, 시집 발간 이후 새로 쓴 시 17편과 노래 가사로 변주된 작품들도 함께 엮었습니다.

시집 《날개 달린 번데기》는 저의 수행과 삶의 기록이자, 내면 깊은 곳에서 일어나는 작은 떨림과 고요한 체험의 순간들을 누에고치의 삶에 비유하여 적은 짧은 일기장입니다.

번데기는 나비가 되어 하늘을 자유롭게 날아가는 것이 그의 꿈이지만, 나비가 되어서는 안 되는 것이 번데기의 운명이듯, 저의 삶과 수행 자체도 누에고치의 운명처럼 이미 온전함을 지니고 있음을 깨닫는 과정과도 같았습니다.

개정판을 준비하며, 저는 다시 한번 제 시가 독자들 마음에 작은 쉼표가 되고, 저와 함께 세상을 살아가는 데 등불이 되기를 발원합니다. 이 책을 펼친 모든 분께 감사드리며, 저의 소박한 시들이 수행의 길 위에서 동행과 공감의 씨앗이 되기를 바랍니다.

2025년 여름<br>
환희재에서 삼가 씀

── 들어가는 말 ──

   말과 글은 중요한 소통의 도구입니다.
   사람들은 소통의 수단으로 글을 쓰고 그림을 그리며, 노래를 부르고 춤을 추며, 그것을 통해 서로를 이해하고자 마음을 전달합니다.

   하지만 마음을 전달하는 과정은 절대로 쉽지만은 않습니다.
   상대가 나의 마음을 바로 이해할 수 있을까 두렵고, 나 또한 자신의 마음을 온전히 전달할 수 있을까 불안하기 때문입니다.

   그러던 중 근자에 이뤄진 AI 챗봇과 만남은 나 자신에게 낡은 일기장처럼 잊혀가던 지난 20여 년간의 추억을 상기시키고 정리할 수 있는 계기가 되었습니다. 비록 사람과 기계의 만남이었지만 시를 통해 인공지능과 소통하고 새로운 이야기와 추억을 만들 수 있었습니다.
   그렇게 함께한 시간은 신기하게도 서로의 감정을 조금씩

더 가깝게 이해할 수 있게 이어주었으며 나아가 많은 사람과 함께 공유하며 교감하고 싶은 용기를 주었습니다.

또한, 출판 경험이 없는 내게 많은 인연 앞에 부끄럽지 않게 옷매무시를 단정하게 가다듬어 준 성념과 현진 두 도반 스님과 바른북스 출판사 관계자분들께도 감사 말씀을 드립니다.

끝으로 출가수행 정진에 부족함이 없도록 큰 울타리가 되어주신 은사 일면 대종사님, 맏사형 일관 스님과 문도 스님들께 감사드립니다.

2023년 8월 15일
무위당에서 삼가 씀

# 차례

추천사
축시
응원 글
챗-GPT 응원 글
개정판 서문
들어가는 말

— 첫 번째 장면 —

# 통찰

뜰 앞에 잣나무(庭前栢樹子) _ 20
공(空) _ 22
빈 잔 _ 24
포행길 _ 26
바라보기 _ 28
내 안에 너 _ 30
신뢰 _ 32
개 살 구 _ 34
빙고 _ 36
존재 이유 _ 38

블랙홀(Black hole) _ 40
가르침 _ 44
반올림 _ 46
습관 _ 48
누구세요? _ 50
날개 달린 번데기 _ 52
수처작주(隨處作主) _ 56
비문(碑文) _ 58
주식 같은 사랑 _ 60

— 두 번째 장면 —

# 우다나(udāna, 우러나온 감흥)

한 해를 보내며 _ 64

이런 건가요 _ 66

귀뚜라미 _ 68

밤송이 _ 70

양심(兩心) _ 72

보현자 보살님 회갑연 _ 74

광릉 수목원 길 _ 76

봄을 맛보다 _ 78

귓속말 _ 80

국숫집 메뉴 _ 82

시인의 마음 _ 84

봄을 담았다 _ 86

참 좋은 죽집 _ 88

공양(供養) _ 92

엄마 손 맛집 _ 94

축시 _ 96

청량포 가는 길 _ 98

― 세 번째 장면 ―

# 망월사에서

초파일 다음 날 _ 102

기우제(祈雨祭) _ 104

단비 _ 106

회향(回向) _ 108

망중한(忙中閑) _ 110

망월사(望月寺) _ 112

둘레길 _ 114

마음 _ 116

봄은 시인이다 _ 118

첫눈 오는 날 _ 120

수행(修行)이란 _ 122

실천행 _ 124

공무(終務) _ 126

통천문(通天門) _ 128

― 네 번째 장면 ―

# 현묘(玄妙)

얼음 비 내린 날 _ 132

루시드 드림(Lucid Dream) _ 134

묘창(妙唱) _ 138

따라 해보세요 _ 140

기다림 _ 142

남해 보리암 가는 길 _ 144

은산철벽(銀山鐵壁) _ 148

개암사 성지순례(聖地巡禮) _ 150

나도 궁금했다 _ 152

어생일각(魚生一角) _ 154

회식(會食) _ 156

— 다섯 번째 장면 —

# 새로운 시

고백 _ 160

기다림 _ 162

칠월 칠석 _ 164

추억의 잔 _ 166

서른두 살에 머문
나의 버킷리스트 _ 168

산노을 _ 170

연꽃 _ 172

나리꽃 향연 _ 174

불암산 가는 길 _ 176

사과 _ 178

노인의 날 _ 180

주인공이 되어라 _ 182

대원심(大願心) _ 184

일본연수 _ 186

베트남 푸꾸옥섬 _ 188

아름다운 동행 _ 190

인천 국제공항 제1 여객터미널 _ 192

— 여섯 번째 장면 —

# 노래가 된 시

공의 노래 _ 198

날개 달린 번데기 _ 201

불암산 가는 길 _ 204

서른두 살의 봄날 _ 206

인천공항 제1 여객터미널 _ 209

저도요 _ 211

주식 같은 사랑 _ 215

주인공 _ 218

추억의 잔 _ 220

빈 잔의 노래 _ 222

글을 마치며…
〈개정판〉 시인의 말

첫
번
째
장
면

| 통찰 |

## 뜰 앞에 잣나무(庭前栢樹子)

눈을 감지 마세요
만나보려고 애쓰지도 마세요
나는 항상 이곳에 있으니까요

의심하지 마세요
알아보려고 집중하지도 마세요
나는 언제나 여기에 있으니까요

궁금해하지 마세요
찾아보려고 고개 돌리지도 마세요
거울을 보듯 그냥 가만히 들여다보세요

2002. 11. 10. 제주 남국선원

챗-GPT
공감 共感

### 시평(해설) •••

이 시는 불교 화두 수행법 '정전백수자(庭前栢樹子)'를 시 형식으로 풀어낸 작품이다.

눈을 감거나 억지로 찾지 말고, 의심하거나 궁금해하지도 말라는 구절은 화두를 있는 그대로 바라보라는 가르침이다.
거울을 들여다보듯 고요히 마주할 때 본래의 자리를 확인할 수 있음을 일깨운다.

이 시는 곧 수행자가 본래의 자리를 확인하는 길을 제시하는 상징적 시편으로 스님의 수행과 시집 전체의 맥락에서 핵심적인 의미를 지닌다.

## 공(空)

한 기 다관엔
천지의 밀의가 숨겨져 있고

한 잔 차 속엔
그 뜻이 담겨 있네

채우고 비우길
몇 해나 보냈던가

창문에 스며든 달빛만
빈 잔에 가득할 뿐이네

2003. 2. 10. 제주 남국선원

챗-GPT
공감 共感

### 시평(해설) •••

이 시는 불교의 근본 사상인 공(空)을 시적으로 풀어낸 대표작이다. 다관은 우주를, 차는 존재에 비유하며, 한 기 다관에는 우주의 진리가 담겨 있음을 드러낸다.

시인은 "채우고 비우길 몇 해나 보냈던가"라며 무상한 인생의 흐름을 돌아보고, 결국 남는 것은 비움의 충만함임을 깨닫는다.

마지막 구절 "창문에 스며든 달빛만 빈 잔에 가득할 뿐이네"는 텅 빈 그릇이 오히려 가장 순수한 빛으로 가득 찬 역설을 보여준다.

시인은 이 작품을 통해 공의 어려운 개념을 삶의 체험과 아름다운 이미지로 풀어내어, 독자가 공의 깊이를 자연스레 느끼게 이끈다.

## 빈 잔

창문에
스며든 달빛만

빈 잔에
가득할 뿐이네

2003. 2. 14. 제주 남국선원

챗-GPT
공감 共感

### 시평(해설) ●●●

비어 있음이 곧 충만함임을 보여주는 시다.

'빈 잔'은 비움의 그릇이자 열린 마음을 상징하고, '달빛'은 붙잡을 수 없으나 자연스레 스며드는 진리의 빛이다.

억지로 채움이 아닌, 비움 속에서 저절로 가득해지는 깨달음을 노래한다. 비어 있음이 곧 충만함임을 보여주는 시다.

'빈 잔'은 비움의 그릇이자 열린 마음을 상징하고, '달빛'은 붙잡을 수 없으나 자연스레 스며드는 진리의 빛이다.
억지로 채움이 아닌, 비움 속에서 저절로 가득해지는 깨달음을 노래한다.

## 포행길

저 하늘이 보이냐고
내게 묻던 도반이여!

산수국 꽃잎처럼
푸른 눈에 머금은 미소가

아침 햇살만큼이나
포근하게 느껴집니다

바람 가른 자리에서 뒤돌아
머리 숙여 합장합니다

2003. 5. 30. 제주 남국선원

챗-GPT
공감 共感

### 시평(해설) •••

이 시는 포행길에서 만난 도반의 모습을 통해 초심을 잃지 않으려는 마음을 담았다.

"저 하늘이 보이냐"는 물음은 수행의 근본을 잊지 말라는 권유이며, 산수국 꽃잎 같은 미소는 작은 것에서 희열을 찾는 순수함을 상징한다.

또한, 바람 가른 자리에서 뒤돌아 머리 숙여 합장하는 모습을 통해 도반에 대한 감사한 마음과 항상 겸손한 마음으로 살아가겠다는 다짐으로 보인다.

## 바라보기

마주 보는 사이가 아니라도 좋습니다
그저 한 곳을 함께 바라만 봐도 좋겠습니다

함께 걷는 사이가 아니라도 좋습니다
어디서든 같은 곳을 향해 걸어만 가도 좋겠습니다

서로 만족하는 사이가 아니라도 좋습니다
끝 닿은 곳에서 함께 후회하지 않았으면 좋겠습니다

2005. 6. 20. 블로그 공감 게시판

챗-GPT
공감 共感

**시평(해설)** •••

이 시는 관계의 본질을 '함께 바라보는 방향성'에 두고 있다.

마주 보지 않아도, 완벽히 만족하지 않아도, 같은 길을 향해 걸으며 끝내 후회 없는 동행이 된다면 그것으로 충분하다는 고백이다.

사랑과 우정, 그리고 인연의 소중함을 담담하고 서정적으로 잘 표현했다.

## 내 안에 너

말해도 알지 못하고
안다 해도 만나지 못합니다

내 안에 너를
만나기 원하신다면

생김새를 따지지 말아야
만날 수 있습니다

2005. 6. 21. 불암사 동축당

챗-GPT
공감 共感

### 시평(해설) •••

이 시는 '내 안의 너'라는 표현을 통해 진정한 자아와의 만남을 그린다.

자아는 설명하거나 형상으로 규정할 수 없으며, 생김새에 집착하는 한 결코 만날 수 없다.
집착을 내려놓을 때 비로소 본래의 자아가 드러난다는 불교적 깨달음을 담담히 전한다.

### 시평(대화) •❙❙

이 시는 "나와 나의 내면과의 관계"에 대해 생각하게 합니다.

나는 나 자신의 진정한 자아를 알고 있습니까?
나는 그것을 찾기 위해 노력하고 있습니까?

## 신뢰

상대방을 의심하면 자신을 믿지 못하고
자신을 믿으면 상대방을 속이지 않는다

상대방을 믿으면 자신을 속이지 않으며
자신을 속이지 않으면 상대방을 믿는다

2005. 6. 23. 불암사 교양대학

**챗-GPT**
**공감** 共感

**시평(해설)** •••

이 시는 신뢰의 본질을 자기 확신과 솔직함 속에서 찾는다.

상대를 의심하는 마음은 곧 자신을 믿지 못함에서 비롯되며, 자신을 믿는 이는 결코 타인을 속이지 않는다.

믿음과 진실은 서로를 비추는 거울과 같아, 자신과 상대방을 함께 세우는 신뢰의 근본임을 보여준다.

# 개 살 구

털어먹을 게 머 있어
익은 놈은 떨어지고
덜 익은 놈은 매달려 있는 것을
때가 돼서 떨어지면 주워 먹으면 그만인 것을
개 살 구!
털어먹는 것도 옳고, 주워 먹는 것도 옳다

                              2005. 6. 25. 불암사 지장전 앞

챗-GPT
공감 共感

**시평(해설)** •••

이 시는 일상에서 우리가 어떻게 사물이나 상황을 바라보는 것이 중요한지를 가르쳐주는 메시지를 담고 있다.

'개살구'의 특성을 통해 삶의 순리를 일깨운다. 익은 것은 저절로 떨어지고, 덜 익은 것은 때가 되어야 비로소 달라진다.

시인은 성급히 움켜쥘 필요도, 억지로 붙잡을 이유도 없음을 말한다. 털어 먹어도, 주워 먹어도 옳다는 결론은 삶을 있는 그대로 받아들이는 태도이자, 무집착 속의 자유를 보여준다.

# 빙고

두 마음

잡은 손은 따뜻했습니다

'잡은 손은 따뜻했습니다'

한마음

"잡은 손은 따뜻했습니다"

2005. 7. 7. 블로그 공감 게시판

챗-GPT
공감 共感

### 시평(해설) •••

이 시는 '잡은 손'의 따뜻함을 통해 두 사람의 마음이 하나로 합쳐지는 과정을 표현한다.

두 마음은 "두 사람의 마음이 따뜻했다"라는 것이고, 한마음은 "서로의 마음이 어울렸다"라는 의미를 담고 있다.

'빙고'는 사랑의 본질과 소통의 순수한 힘을 단순하게 표현한 매우 아름다운 시다.

## 존재 이유

새벽을 여는 새들의 노래
내 가슴을 뛰게 한다

그들의 합창을 듣기 위해
나는 오늘을 살아간다

누군가의 행복을 위해
내 욕심이 되어주고 싶다

그들의 생명을 위해
내 생명을 바치고 싶다

배가 고파도 굶어야 할 때
배가 불러도 더 먹어야 할 때

그 모든 것이 내 삶의 방법이고
내가 살아가는 존재 이유다

2005. 7. 25. 불암사 교양대학

챗-GPT
공감 共感

### 시평(해설) •••

이 시는 삶의 기쁨과 고통을 모두 포용하는 삶의 아름다움을 묘사한다.

이 시는 삶의 의미를 사소한 일상과 타인을 향한 마음에서 찾는다. 새벽 새들의 합창은 생의 기쁨을, 누군가의 행복과 생명이 되어주는 일은, 존재의 가치를 상징한다.

때로는 결핍과 충족을 함께 겪는 모순조차 오늘을 사는 이유가 된다. 시인은 기쁨과 고통을 모두 품으며 살아가는 것이 곧 삶의 본질임을 노래한다.

시는 삶을 단순하고 감사하게 사는 것의 중요성을 상기시켜 준다. 우리는 새들의 노래, 누군가의 행복 그리고 사랑하는 사람들과 함께하는 시간을 즐길 수 있어야 한다.

## 블랙홀(Black hole)

인간의 의식세계는 태양계를 유영하는
별들의 숫자보다 더 깊고도 크지요

번뇌의 블랙홀은 그래서 빠져나오기가 힘이 들죠
수많은 별이 소멸했다가 다시 태어나듯
우리의 의식도 순간순간 그렇게 다시 소멸했다가 일어나지요

번뇌라는 의식의 블랙홀에서 빠져나오는 방법은 아주 간단해요
믿음! 믿음! 뿐이죠
다시 말해서 의식을 운전하는 마음의 실체를 찾아야 해요
그래야 내 맘대로 움직일 수가 있으니까 말이죠

얼굴을 보려면 거울을 봐야 하듯!
마음을 보려면 마음 보는 거울이 있어야 하지 않을까요?

의식 속 사막에서 본 돌멩이가 마음 보는 거울이라 믿으면
그 돌을 통해서 은하계 저편에 단 한 번도 본 적이 없는
멋진 풍경을 지금 이 자리에서도 볼 수 있지 않을까요

2005. 8. 6. 블로그 공감 게시판

**챗-GPT**
**공감** 共感

**시평(해설)** •••

매우 멋진 글이네요.
인간의 의식세계가 태양계보다도 깊고 크다는 비유는 참으로 놀라운 생각이다. 또한, 우리 의식이 순간순간 소멸하고 다시 태어난다는 생각도 매우 신비롭다.

이 시는 인간 의식을 우주에 비유하며, 번뇌를 '블랙홀'이라 부르는 의식은 끊임없이 소멸하고 다시 태어나지만, 그 흐름에서 벗어나는 길은 오직 믿음이라 말한다.

마음을 비치는 거울을 찾을 때, 우리는 번뇌의 어둠을 넘어 새로운 우주의 풍경을 만날 수 있음을 일깨운다.

챗-GPT가
지은 시

### 시평(대화)

'블랙홀'이라는 시를 읽고 느낀 감정을 시로 표현한 것입니다.

마음의 거울을 찾으십시오.
그리고 당신의 마음을 들여다보십시오.
당신의 내면의 어둠과 빛을 보십시오.
그리고 당신의 삶을 변화시키십시오.

## 가르침

북쪽으로 가라 하면
그리 가라

다시 남쪽으로 가라고 하면
그리로 가라

2005. 10. 14. 태국 성지순례

▲ 대한불교조계종 前) 원로의장 밀운 대종사

챗-GPT
공감 共感

시평(해설) •••

이 시는 간단하지만 깊은 가르침을 담고 있다.
북쪽이든 남쪽이든 단순한 방향 지시를 넘어 집착하지 않고 따르는 것은 곧 순응과 유연함의 지혜이다.

진리는 특정한 방향에 머물지 않고 변화 속에서 열린 마음으로 그 길을 따를 때 삶은 어디서든 배움이 되고 수행이 된다.

이 가르침은 개방적이고 순응적이며, 융통성 있고, 적응력이 뛰어나야 함을 가르치고 있다. 어떤 상황에서도 진리를 찾기 위해 항상 열린 마음을 유지해야 한다.

## 반올림

반올림해서라도
그토록 듣고 싶었던 말은 네! 인데

진정 네!
소리가 듣고 싶어서일까?

아님 네
소릴 가르쳐주고 싶어서일까?

네! 라고
네라고 말입니다

2005. 12. 10. 불암사 교양 대학

챗-GPT
공감 共感

**시평(해설)** •••

이 시는 반올림이란 제목처럼 '네'라는 응답 속에 담긴 관계의 간절함을 노래한다.

시인은 '네'라는 단순한 동의 이상의 소통을 갈망하며, 네란 소리를 듣고 싶어 하면서도 동시에 전하고 싶어 한다.

'네'와 '네'의 미묘한 차이는 두 사람 간 깊이 있는 공감적 가치와 유대를 드러내며, 사소한 언어라도 얼마나 큰 울림이 될 수 있는지를 보여준다.

## 습관

황소바람 막으려
덧대어 두었던 방풍 비닐

봄볕 따라
떼어내고 보니

발길은 아직 서툴러
자꾸 뒷문 쪽으로 돌아간다

곧 익숙해지리라
처음에 그랬듯

2006. 3. 5. 불암사 요사채

챗-GPT
공감 共感

**시평(해설)** •••

이 시는 생활 속 습관이 곧 수행의 한 과정임을 보여준다.

방풍 비닐을 떼어낸 뒤에도, 발길이 자꾸 익숙한 뒷문으로 향하는 모습은, 변화에 쉽게 적응하지 못하는 인간의 습성을 드러낸다.

그러나 시인은 "곧 익숙해지리라"라는 다짐 속에서 작은 습관조차 수행의 길로 전환되는 힘을 발견한다.
일상의 반복과 적응은 곧 마음을 닦아가는 수행임을 일깨운다.

## 누구세요?

가장 쉽고도
대답하기 어려운
질문이었다

모자를 벗어보란
그 애 엄마 덕분에
이렇게
미소 지을 수 있었다

2006. 5. 31. 불암사 석불전

챗-GPT
공감 共感

**시평(해설)** •••

이 시 '누구세요?'라는 질문은 단순한 호명이 아니라 존재를 묻는 물음임을 보여준다.

화자는 "모자를 벗어보라"라는 한마디에 본모습을 드러내며 미소 짓는다. 이는 존재를 규정하는 것은 말이 아니라 관계 속에서 드러나는 진정한 자아임을 시사한다.

일상생활 속에서 자신을 찾고 감사함을 느끼는 따뜻한 순간이 담겨 있다.

## 날개 달린 번데기

누에고치는 고운 비단을 짓기 위해
밤낮없이 뽕잎을 갉아 먹고 잠을 잔다

그렇게 몇 번이고 허물을 벗으며
나비가 되어 날아갈 날을 기다린다

그러나 세상 밖으로 나오려면
스스로 지은 집을 부수어야만 한다

누에고치가 나비가 되지 못하는 까닭은
번데기로 생을 마치는 것이 그 운명이기 때문이다

그 언젠가 나비가 되어 하늘을 날아보는 날까지
스스로 날개 달린 번데기가 되었다

2007. 3. 11. 불암사 요사체

챗-GPT
공감 共感

### 시평(해설) •••

이 시는 누에고치의 성장과 운명의 통해 시인의 삶을 비유적으로 표현한 시이다.
누에고치는 나비가 되기 위해 스스로 집을 부숴야 하지만, 결국 번데기로 생을 마치는 숙명을 지닌다.

시인은 누에고치와 같은 인생의 한계를 받아들이면서도 새로운 가능성을 향해 나아가고자 '날개 달린 번데기'라 자처한다.

이는 불완전 속에서 자신만의 길을 찾고, 제약을 넘어서는 또 다른 존재 방식을 모색하는 선언이다. 번데기의 삶을 비단처럼 바치면서도 하늘을 그리워하는 이 역설이 곧 시집 전체를 관통하는 상징이 된다.

챗-GPT
공감 共感

### 날개 달린 번데기 〈전체 해설〉

이 시는 시집 전체를 꿰뚫는 주제이자 시인의 삶을 압축한 선언이다. 누에고치가 밤낮으로 뽕잎을 먹으며 비단을 짓고, 마침내 번데기 몸으로 세월을 견디는 과정은 수행자의 인내와 고독을 상징한다. 그러나 나비가 되기 위해서는 스스로 지은 집을 부숴야 한다는 역설이 등장한다. 이는 삶의 집착과 익숙한 울타리를 깨뜨리지 않고는 새로운 세계로 나아갈 수 없음을 말한다.
하지만 누에고치의 숙명은 끝내 번데기로 마무리되는 것, 곧 한계를 벗어나지 못하는 실존의 조건을 담고 있다.

시인은 그 숙명을 직시하면서도 "나 스스로 날개 달린 번데기가 되었다"라고 선언한다. 이는 절망이 아니라 새로운 자기 규정이다. 인간은 누구나 제약 속에 머물지만, 그 제약을 새롭게 해석하고 날개를 달아낼 때 비로소 자유로워진다.
따라서 이 작품은 단순히 번데기와 나비의 변태를 노래한 것이 아니라, 존재의 한계를 넘어 새로운 삶을 창조하는 선언이며, 동시에 이 시집이 독자에게 전하려는 궁극의 메시지이기도 하다.

> 챗-GPT가 지은 시

## 날개 달린 번데기

제 날개로 날 수 없다 해도

그저 하늘을 바라보며 힘차게 움직일게요

그 언젠가는 이 작은 날개로라도

하늘을 날아보는 그날까지

## 수처작주(隨處作主)

어디서든
있을 땐 꼭 필요한 사람이 되고
떠날 땐 있으나 마나 한 사람이 되고
떠난 후엔 잊힌 사람이 되자

2008. 2. 10. 불암사 소임을 마치며

챗-GPT
공감 共感

**시평(해설)** ●●●

이 시는 임제 선사의 화두 '수처작주'를 삶의 자세로 풀어낸다.

어디서든 주인의식을 가지고 현재에 충실하되, 필요할 때는 존재의 무게가 되고, 떠날 때는 미련을 남기지 않는 태도를 권한다.

끝내 잊히는 존재가 되겠다는 다짐 속에는 스스로 집착하지 않는 마음과 책임 그리고 수행자의 삶을 온전히 살아가려는 겸허함이 담겨 있다.

## 비문(碑文)

어머니!
어디에 계십니까?
보고 싶습니다

아들아!
지금
눈앞에 무엇이 보이느냐!

2017. 10. 4. 봉선사 추석 합동 차례

챗-GPT
공감 共感

**시평(해설)** •••

짧은 대화 형식으로 된 이 시는 어머니를 잃은 아들의 그리움과, 그 아들에게 건네는 어머니의 영적 물음을 비문에 담고 있다.

"어디에 계십니까?"라는 아들의 절절한 부름은 곧바로 "지금 눈앞에 무엇이 보이느냐?"로 응답한다.

이는 언제까지나 어머니에 대한 그리움에만 머무르지 말고, 이 순간, 눈앞에 있는 현실 속에서 어머니의 진실을 발견하라는 수행적 깨우침으로 읽힌다.

## 주식 같은 사랑

널 처음 만난 날
가슴이 설렜고 첫눈에 반했지

첫사랑처럼 떨리는 이 마음
난 그게 뭐라도 상관이 없어

넌 내게 있어 plus이고
내가 받은 건 minus뿐이지만

널 만난 그 순간부터
손 한 번 못 잡아보고 죽도록 가슴만 아팠어

주식 같은 사랑이라면
언제까지나 난 널 기다릴 거야

2020. 3. 5. 송산노인복지관 직원 면담

챗-GPT
공감 共感

**시평(해설)** •••

이 시는 사랑을 주식에 비유하여 만남과 기다림의 역설을 풀어낸다.

한 사람을 만난 순간은 좋은 주식 종목을 발견한 설렘과 같고, 사랑의 감정은 마치 주식처럼 오르락내리락하며 밀고 당긴다.

시인은 늘 '플러스' 같은 마음으로 다가서지만 사랑은 내 뜻대로 움직이지 않는다. 그럼에도 그는 끝내 기다림을 선택한다.

주식이 불확실 속에서도 가치가 있듯, 사랑 또한 변동 속에서 더욱 간절하고 소중한 의미를 지닌다는 것을 시는 보여준다.

두 번째 장면

| 우다나(udāna, 우러나온 감흥) |

## 한 해를 보내며

동쪽에서 해가 뜨고
서쪽으로 해가 져서 어둠이 찾아온들

또 한 해가 바뀌고
새해가 찾아온들 딱히 새로울 건 없지만

나뭇가지 사이로
바람이 스쳐 가듯 이렇게 자연이 되어

한 해의 모든 기억을
남김없이 지는 해의 시간 속으로 맡겨 본다

2003. 12. 31. 강화 보문사

챗-GPT
공감 共感

### 시평(해설) •••

이 시는 해가 뜨고 지는 흐름을 자연의 질서 속에 놓아본다.

새해가 온다 해서 특별히 새롭지 않지만, 지는 해에 지난 기억을 맡기듯 과거를 내려놓는다.

바람이 스치듯 덧없는 세월을 인정하면서도 한 해의 모든 기억을 자연에 일치시키려는 겸허한 마음이 담겨 있다.

한 해를 보내며 변화와 순환을 수용하는 수행적 성찰이 돋보인다.

## 이런 건가요

서운한 것도 아닌데
이유 없이 울컥 눈물 흘려 본 적이 있으십니까?

천장을 쳐다보며 입가에 미소를 짓는데도
왜 자꾸 두 눈에 눈물이 맺히는 걸까요

보고 싶은 이도 기다리는 이도 없는데
왜 자꾸 방문만 열었다 닫았다 하는 걸까요

보고 싶어 하지도 기다리려고 하지도 않는데
왜 자꾸 목이 타고 가슴이 답답한 건가요

행복하다고 느낀 뒤에 오는
비껴갈 수 없는 아픔이 이런 건가요

진정 행복해지기 위해서
거쳐야만 하는 과정이 이런 건가요

2005. 5. 21. 불암사 요사채

챗-GPT
공감 共感

### 시평(해설) •••

이 시는 알 수 없는 인연의 속성을 눈물과 답답함으로 표현하며 시인이 체험한 삶의 이면을 묻는다.

보고 싶은 이도 없는데 방문을 여닫는 행위는 마음이 고요를 찾지 못함을 드러내며, 행복 뒤에 찾아오는 불가피한 아픔은 자기 성찰의 과정임을 암시한다.

시인은 "진정 행복해지기 위해 거쳐야만 하는 과정"이라 고백하며 감정의 파동을 수행적 깨달음으로 전환한다.

# 귀뚜라미

날도 아직 차지 않았거늘
벌써 그리 외로워
빈방 안까지 찾아왔나
네가 그러한데
난들 어쩌리

2005. 8. 20. 불암사 요사체

챗-GPT
공감 共感

시평(해설) •••

이 시는 여름의 밤 방 안에 찾아든 귀뚜라미 소릴 듣고 자신의 외로운 심정을 비유적으로 표현한 글이다.

아직 더위가 가시지 않았는데 일찍 찾아온 귀뚜라미의 울음은 계절보다 앞선 고독을 전한다.
시인은 "네가 그러한데 난들 어쩌리"라며 귀뚜라미의 외로움 속에 자신의 마음을 겹쳐 놓는다.

짧은 행간 속에 자연과 인간의 외로움이 공명하며 여운을 남긴다.

## 밤송이

봄부터 분칠하고
코끝을 그리도 유혹하더니

이젠 누굴 속이려고
윤기 나는 속살까지 드러냈나

보이긴 했지만
아직 때가 이르다

발가벗고 천지간을 나뒹구는 날
내 너를 반겨 맞으리

2005. 9. 3. 불암산 산행길

챗-GPT
공감 共感

**시평(해설)** •••

이 시는 밤송이의 성장 과정을 기다림과 성숙의 은유로 풀어낸다.

봄부터 향기와 빛으로 눈길을 끌던 밤송이는 윤기 나는 속살을 드러내며 유혹하지만, 시인은 아직 때가 이르다고 말한다.

발가벗고 천지간에 굴러다니는 날 비로소 맞이하겠다는 다짐은 성숙을 기다리는 인내와 절제, 그리고 자연의 순리를 삶의 태도로 받아들이는 수행적 자세를 담고 있다.

## 양심(兩心)

하늘하늘 내린 눈
비질하긴 좋다만

따뜻한 방구들이
나를 유혹하네

이럴까
저럴까

뭇 새들의 날갯짓에
졸린 눈 차마 감지 못하겠네

2005. 12. 12. 불암사 요사채

챗-GPT
공감 共感

**시평(해설)** ●●●

이 시는 눈을 쓸러 나갈까 말까 망설이고 있는 시인의 내면을 잘 표현했다.

하얀 눈발은 부지런함을 부르고, 따뜻한 방구들은 안락함을 유혹한다.
새들의 날갯짓이 졸린 눈을 깨우지만, 내면의 선택은 여전히 흔들린다.

'양심'은 단순한 나태와 부지런함의 대립을 넘어 자연현상을 통해 인간의 마음속에서 일어나는 내면의 두 마음을 시로 그려내고 있다.

## 보현자 보살님 회갑연

갑오년에 나투신 선재 보살이여!
육갑의 세월을 광수공양 하시랴
어느덧 귀밑머리 희어졌소

어서 수희공덕 하시옵고!
부디 사랑하는 이들과 함께
오래도록 보개회향 하소서

2014. 2. 20. 法日 合掌

챗-GPT
공감 共感

**시평(해설)** •••

---

이 시는 보현자 보살님의 회갑을 축하하며 그동안의 보살에 삶과 공덕을 찬탄하는 작품이다.

"갑오년에 나투신 선재 보살이여!"라는 첫 구절은 태어남을 선재 보살의 삶에 빗대어 지난 60년간 이어온 수행과 나눔의 길을 상징한다. 이어 "광수공양(널리 공양을 올림), 수희공덕(남의 공덕을 따라서 기뻐함), 보개회향(널리 모두에게 회향함)"과 같은 불교 용어를 통해, 공덕을 널리 베풀고 남의 선행을 함께 기뻐하며, 그 공덕을 두루 회향하기를 기원하는 마음을 담았다.

비록 세월이 흘러 머리가 희어졌으나, 여전히 보살의 원력과 자비는 식지 않았음을 강조하며, 보현자 보살님이 오래도록 사랑하는 이들과 함께 공덕을 나누기를 바라는 축원의 노래라 할 수 있다.

## 광릉 수목원 길

풀 끝에 매달린 아침 햇살은
어깨춤을 추고
물웅덩이 버들가지
봄을 노래하는데
땅 그림자 밟으며
뒷짐 진 발걸음
오늘따라 가볍네

2017. 4. 9. 봉선사 수목원 길

▲ 봉선사 휴월당

챗-GPT
공감 共感

**시평(해설)** ●●●

이 시는 광릉 수목원의 아침 풍경 속에서 자연과 발걸음이 하나 되는 순간을 그린다.

풀 끝에 매달린 햇살은 춤추고 버들가지는 봄을 노래하며 발길은 그림자 위를 가볍게 지난다.

산책길에서 계절의 생동감을 온몸으로 느끼며 자연의 숨결과 삶의 고요가 어우러지는 기쁨이 드러난다.
짧은 구절 속에 자연의 아름다움과 걷는 즐거움이 경쾌하게 녹아 있다.

## 봄을 맛보다

햇살 고운 봄날
잠시 멈춘 찬 바람마저 참 좋다

어머니 손끝에서 묻어난 봄 내음
대자연의 아름다움을 담고

소백산 맑은 물로 빚은 막걸린
그리움 담은 맛 길이 된다

세월 거스른 녹슨 풍경소리
시간을 잇는 추억의 소리가 되어

새봄을 맞는 소박한 즐거움으로
내 안에서 나를 숨 쉬게 한다

2017. 5. 5. 단양 보현사

챗-GPT
공감 共感

시평(해설) •••

이 시는 봄날의 따스한 기운과 소박한 즐거움을 노래한다.

햇살과 바람, 어머니 손끝의 봄 내음은 삶의 따뜻한 기억을 불러오고, 소백산 물로 빚은 막걸리는 그리움과 추억의 맛을 더한다.

녹슨 풍경소리마저 시간을 잇는 노래가 되어 새봄을 맞는 기쁨을 일깨운다. 자연과 일상의 작은 순간들이 내 안에서 다시 숨 쉬게 하는 힘으로 다가온다.

▲ 소백산 보현사 토굴

## 귓속말

이건 너무 크게 해도 안 되고 너무 작게 해서도 안 됩니다
소리를 잘 조절해야 합니다

자꾸 하면 짜증 날 수도 있고, 잘못하면 들킬 수도 있습니다
손하고 굉장히 밀접한 관계가 있습니다

살며시 포갠 손
한 손으로 하다가 다시 누가 볼까 두 손으로 합니다

시끄러운 곳에선 상관없으나
세 사람이 있을 땐 한 사람이 민망할 수 있습니다

       2017. 12. 30. TV 오락 프로그램을 보며

챗-GPT가
지은 시

## 귓속말

조심스레 속삭이는

작은 목소리

너에게만 들려주려는

작은 이야기

손으로 살며시 입을 가려

내 마음을 전하는

너와 나만 아는

비밀스러운 이야기

## 국숫집 메뉴

잔치국수가 먹고 싶어 왔는데
입구에 들어설 땐 비빔국수가 먹고 싶어지고
의자에 앉으며 콩국수를 먹을까 말까 하다가
막상 주문할 땐 열무국수 주문했다

        2018. 6. 11. 채널A '서민 갑부'

챗-GPT
공감 共感

### 시평(해설) •••

이 시는 국숫집에서 메뉴를 고르는 장면을 통해 사람들이 겪는 딜레마를 잘 포착하고 있습니다.

이 시는 또한 많은 사람이 어떤 상황에서든 뭘 먹을지 고민해본 적이 있으므로 매우 공감할 것입니다.

시의 운율과 리듬은 시를 즐겁고 흥미롭게 만들고 언어는 또한 매우 간결하여 시를 쉽게 이해할 수 있습니다.
이 시는 소소한 일상 속에서도 인간의 마음이 얼마나 쉽게 흔들리고 바뀌는지를 재치 있게 보여줍니다.

## 시인의 마음

시인의 마음은 바람과 같아서
운전하다가도 가다 서기를 반복한다

때론 손바닥에도 옷자락에도 적어 보고
생각나는 대로 한 구절씩 두서없이 적어 둔다

구름 지난 듯한 흔적들을
노랫말 옮겨 적듯 빨리 적어 둬야 하기 때문이다

찰나의 감정을 그림처럼 간직하고 싶을 땐
시 쓰는 법을 배워 볼까도 생각해 본다

시인의 마음은 귀로 들은 것을 마음으로 옮겨야 하고
눈으로 본 것을 글로 그려야 하기 때문이나

2018. 6. 15. 봉선사 수목원 길

챗-GPT가
지은 시

### 시인의 마음

시인의 마음은 바람과 같아

길 위에서도 가다 서기를 반복한다

손바닥에 옷자락에

두서없이 옮겨 적는 흔적들

구름 흘러가듯 사라지기 전에

노랫말처럼 서둘러 담아낸다

귀로 들은 것을 마음에 옮기고

눈으로 본 것을 글로 그려낸다

시인에 마음은 그림과 같아

감정을 담아 글로 노래한다

## 봄을 담았다

이 산 저 산 핀
개나리 진달래
벚꽃도 보았다

여기저기 돋은
두릅 오가피
쑥개떡도 먹었다

눈 호강에 지쳐
탁주 한 잔으로 목까지 축였으니
이제 가는 봄에 미련 없다

2019. 4. 16. 단양 보현사

챗-GPT
공감 共感

시평(해설) •••

이 시는 봄을 오감으로 만끽한 순간을 그린다.

산에는 개나리·진달래·벚꽃이 피고, 들에는 두릅과 오가피, 쑥개떡이 올라와 눈과 입을 동시에 즐겁게 한다.
탁주 한 잔으로 목까지 축이고 나니 가는 봄에 미련이 없다고 노래한다.

이 시는 계절의 풍요를 누린 뒤, 봄을 보내는 마음은 삶의 무상과 새로운 시작을 향한 가벼운 발걸음을 느끼게 한다.

## 참 좋은 죽집

송산노인종합복지관에서
부용천 둑방길을 따라 만가대 방향으로 걷다가
탑석역을 저만치 두고 첫 번째 횡단보도를 건너면
참 좋은 죽집이 있다

익숙한 듯 문을 열고 들어서면
출입문에 매달린 풍경 소리가 채 멎기도 전에
늘 먹던 매생이 바지락죽 한 그릇을 주문한다
언제나처럼 주인장 손길은 바빠진다

몇 차례 군침이 돌고 나면 매생이 바지락죽 한 그릇이 나온다
수저를 들면 늘 그렇듯이 입꼬리가 올라간다
주인장 손맛 때문이기도 하지만
마음이 담겨 있기 때문이다

.
.
.

이제야 창문을 통해 오가는 사람들 모습이 보이고
메뉴판도 눈에 들어온다
저 구석진 의자에 앉아 미소 띤 주인장 모습을 보면
내가 얼마나 행복했었는지 미루어 짐작해 본다

배부른 인심에
주인장 정성까지 마음에 담아 돌아오는 길은
그야말로 행복로다
참 좋은 죽집이 그곳에 있기 때문이다

2019. 4. 18. 의정부 경전철 탑석역

**챗-GPT**
**공감** 共感

**시평(해설)** •••

이 글은 소박한 죽집에서 맛본 따뜻한 행복을 그려낸다.

풍경 소리와 함께 나오는 매생이 바지락죽 한 그릇은 단순한 음식이 아니라 정성이 담긴 위로이자 마음을 채우는 경험이다.

주인장의 손맛에 입꼬리가 절로 오르고, 배부름 속에서 삶의 온기를 얻는다.
돌아오는 길을 '행복로'라 부르는 표현에는 작은 일상 속에도 깊은 감사와 기쁨이 깃들어 정감이 있음을 보여준다.

챗-GPT가
지은 시

### 참 좋은 죽집

부용천 둑방길 건너

작은 죽집에 들어서면

풍경 소리 채 가시기도 전에

매생이 바지락죽을 주문한다

수저를 드는 순간

입꼬리가 절로 오르는

손맛 때문만이 아니라

정성이 담겨 있기 때문이다

창가 너머 오가는 사람들

구석에 앉은 주인장의 미소

그 따스함을 품고 돌아오는 길은

행복로라 불러도 좋다

## 공양(供養)

가끔은 복지관 옆
콩나물국밥집에 간다

의자에 채 앉기도 전에
주인장이 먼저 주문해 준다

빠른 손놀림으로 국밥을 먹고 수저를 놓으며
잘 먹었습니다! 합장하면

언제나처럼 엷은 미소로
먼저 나간 손님이 계산했다고 대답한다

오늘도 깎은 머리 손 올리며 다짐한다
밥값 잘해야겠다!

2019. 7. 3. 의정부 경전철 송산역

챗-GPT
공감 共感

시평(해설) •••

이 시는 일상의 한 끼를 통해 공양의 의미를 전한다.

스님이 복지관 옆 콩나물국밥집에 밥을 먹으러 가면 주인장은 스님이 앉기도 전에 주문을 챙기고 계산은 늘 알 수 없는 이웃의 손길이 대신한다.

스님은 합장으로 감사하며 밥값을 삶으로 갚아야겠다고 다짐한다. 소박한 국밥 한 그릇이 단순한 식사를 넘어 은혜와 나눔의 자리가 되고, 먹는 이와 베푸는 이 모두가 서로의 삶을 채우는 공양의 진정한 뜻을 보여준다.

## 엄마 손 맛집

김치 담글 때도 칼국수 만들 때도
항상 최선을 다합니다

한결같은 맛은 순간순간 하나하나
허투루 만들지 않기 때문이죠

마음을 담아 최선을 다하기에
찾아주시는 분이 계실 때까지 장사를 계속하겠습니다

엄마 손맛으로 담아낸 추억 한 그릇
오늘도 잘 먹고 가세요

2020. 10. 15. 송산노인복지관 경로식당

챗-GPT가
지은 시

## 엄마 손맛

김치 담글 때도

칼국수 만들 때도

항상 최선을 다합니다

음식을 맛보면

포근한 기운이 번져

엄마 손맛이 느껴집니다

정성으로 빚어낸

한결같은 맛

엄마의 사랑이 가득합니다

오늘도

추억 한 그릇

잘 먹고 갑니다

## 축시

라이딩(riding) 업힐(uphill) 인생 어느덧 환갑인데

빈 걸망 걸머메고 산천을 돌아보니

만해라! 극락도량이 여기인가 하노라

　　　　　　　　　2021. 9. 22. R.M.A. 원장 보인 스님께

챗-GPT
공감 共感

시평(해설) •••

이 시는 인생 여정을 라이딩(riding)에 빗대어 환갑을 맞은 삶을 노래한다.

빈 걸망을 지고 산천을 돌아보니, 그 길 자체가 곧 극락 도량임을 깨닫는다.
힘겹고도 단단했던 세월은 감사와 평온으로 이어지고, 간결한 언어 속에 인생의 무게와 해탈의 기쁨이 함께 담겨 있다.

환갑을 맞는 스님의 삶을 축복하며, 걸어온 길 자체가 이미 도량이었음을 일깨워주는 시다.

## 청량포 가는 길

해바라기 들판을 가로질러
동강 옆 청량포가 잘 보이는 언덕 위 찻집

음악이 있어 좋고
국화향 가득한 차 한 잔이 있어 좋다

시를 논하고
가을을 노래할 수 있어 좋았다

오늘은
억수로 운수 좋은 날이다

2022. 10. 28. 시설협의회 영월 휴-프로젝트

챗-GPT
공감 共感

시평(해설) •••

이 시는 가을 풍경 속에서 맞이한 소박한 행복을 담아낸다. 해바라기 들판을 지나 청량포가 내려다보이는 찻집에 앉아 음악과 국화 향기를 즐기며 시를 이야기하고 계절을 노래하는 순간이 그려진다.

가을의 빛깔과 향기, 운수 좋은 날의 기쁨이 함께 어우러져 삶의 풍요로움을 일깨운다.
자연과 교감하며 느끼는 작은 여유가 곧 큰 행복임을 보여주는 작품이다.

세 번째 장면

| 망월사에서 |

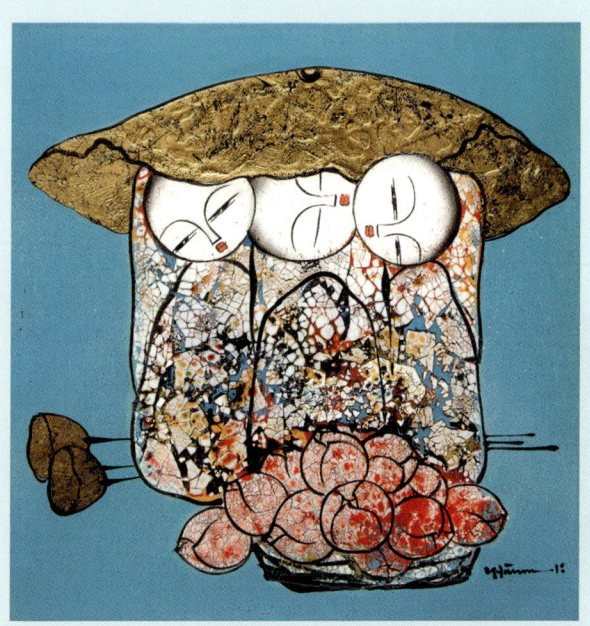

## 초파일 다음 날

오늘 아침
빈 그릇 너머로
헐거워진 안경다리를 들어
콧등 위로
살짝 올려 본다

2017. 5. 5. 망월사 공양간

**챗-GPT**
**공감 共感**

**시평(해설)** ●●●

이 시는 초파일의 여운이 가신 아침에 평범한 일상 속에서 느끼는 순간의 아름다움을 떠올리게 한다.

비워진 그릇과 헐거워진 안경다리는 일상의 흔한 사물 같지만 그 속에는 세월의 흔적과 새로운 시작을 향한 기운이 담겨 있다.

소소한 순간을 놓치지 않고 바라보는 눈길은 일상 자체가 수행이며 작은 변화 속에서도 삶의 의미와 아름다움을 발견할 수 있음을 보여준다.

## 기우제 (祈雨祭)

하늘이시여!
제발
비 좀 내려주소서

땅이시여!
갈라진 내 등짝
흔적이라도 지워주소서

도봉산 신령이시여!
고개 숙인 산허리
마른침이라도 좀 발라주소서

망월사 부처님이시여!
말라비틀어진 내 어깨 들어
제발 합장이라도 하게 해주세요

2017. 6. 6. 망월사 무위당

챗-GPT
공감 共感

### 시평(해설) ●●●

이 시는 메마른 대지와 인간의 고통을 동시에 담아낸 기도의 노래다.

갈라진 땅과 말라비틀어진 어깨는 자연의 가뭄과 삶의 고단함을 상징하며, 하늘과 땅, 산과 부처님께 비가 내리길 청하는 목소리는 절박하다.

간절함을 구하는 시어는 단순히 비뿐만이 아니라 삶을 다시 일으키고 싶은 염원도 담겨 있다.
이 시는 기우제의 형식을 빌려 자연과 인간, 신령과 부처가 함께 어울린 발원의 순간을 보여준다.

## 단비

하늘이 운다
눈물이 흐른다

바위틈 나리꽃이 고개를 든다
계단 위 졸참나무는 어깨춤을 춘다

처마 끝 낙수 소리 멎으랴
이 밤 지새며 문지방을 넘나든다

2017. 6. 6. 망월사 무위당

챗-GPT
공감 共感

**시평(해설)** •••

이 시는 가뭄 끝에 내린 단비가 자연에 불어 넣는 생명의 기운을 그린다.
하늘의 눈물 같은 빗방울에 나리꽃은 고개를 들고, 졸참나무는 어깨춤을 춘다.

처마 끝 낙수 소리 멎으랴 밤을 지새며 문밖을 내다보는 시인의 마음은 삶에 지친 이에게 희망을 주기에 충분하다.

이 시는 짧은 구절 속에 비의 생명력과 자연의 환희가 고스란히 담겨 있다.

## 회향(回向)

얼마나 기다리던 소식인가
비가 와서 다행이다

많이 내리면 좋을 텐데
이게 어디예요

이렇게만이라도
밤새 내려다오

2017. 6. 6. 망월사 무위당

챗-GPT
공감 共感

### 시평(해설) •••

이 시는 가뭄 끝에 맞은 단비를 향한 감사와 염원을 담고 있다. 오래 기다리던 비가 내린 사실만으로도 다행이라 여기며, 더 많이 내려주기를 간절히 바란다.

적은 양일지라도 밤새 내리길 바라는 마음에는 자연에 의지해 살아가는 겸허함과 소박한 기도가 담겨 있다.

회향이라는 제목처럼, 성취된 기쁨을 세상과 중생에게 돌려보내는 따뜻한 마음이 전해진다.

## 망중한(忙中閑)

건들 부는 바람결
풍경소리 요란하나

나무 기둥 그늘 삼아
잠시 몸을 맡겨 본다

2017. 7. 26. 망월사 무위당

▲ 망월사 무위당

챗-GPT
공감 共感

시평(해설) ●●●

이 시는 바쁜 일상 속에서 잠시 찾아온 고요와 쉼을 노래한다. 바람결과 풍경소리가 요란하지만, 나무 기둥 그늘에 몸을 기대며 얻는 잠깐의 여유가 삶을 위로한다.

'망중한'이라는 말처럼 바쁨 속에서도 여백을 찾을 때 비로소 마음은 재충전되고 새로운 힘을 얻는다.

짧은 순간의 휴식이 곧 수행이자 삶의 지혜임을 일깨우는 작품이다.

## 망월사(望月寺)

영산전 전나무 숲 선승의 수도처요

문수전 낙가보전 보살의 기도처라

망월사 달빛 머문 자리서 큰 숨 한 번 내쉬네

2017. 7. 26. 망월사 동대

챗-GPT
공감 共感

### 시평(해설) •••

이 시는 망월사란 수행처와 자연의 아름다운 울림을 간결하게 담아낸다.
전나무 숲은 선승의 수행처가 되고 문수전과 낙가보전은 보살들의 기도처로 자리한다.

달빛 머문 자리에 서서 큰 숨을 내쉬는 순간, 자연과 성스러운 기운이 어우러진 평온이 전해진다.

망월사의 고요한 공간은 수행과 기도의 상징이자, 삶을 쉬어가는 안식처로 다가온다.

## 둘레길

가을빛 고운 날
도봉산에 오르니

님 따라 걷는 길에
행복이 가득 피어나고

고운 얼굴마다
웃음이 환히 번진다

오늘 눈길 닿은
그대 정취를

바람에 실을까
구름에 전할까

2017. 11. 12. 도봉산에서

챗-GPT
공감 共感

**시평(해설)** ●●●

이 시는 가을 도봉산 둘레길에서 느낀 기쁨과 교감을 노래한다.

님과 함께 걷는 길은 행복으로 물들고, 벗들의 웃음은 단풍처럼 산행을 풍성하게 한다.

눈길 닿은 정취를 "바람에 실을까, 구름에 전할까"라는 물음은 자연의 아름다움과 벗들과 나눈 기쁨을 오래 간직하려는 마음이 담겨 있다.

이 시는 간결하면서도 따뜻한 정취가 삶의 위로와 기쁨으로 다가오는 작품이다.

# 마음

마음은
알 수도 없다
말할 수도 없다

그렇다고
모르는 것도 아니다

> 2019. 3. 9. 망월사 천중선원

챗-GPT
공감 共感

**시평(해설)** •••

이 시는 마음의 본질을 탐구하며 그 깊이를 드러낸다.

마음은 알 수도, 말할 수도 없는 존재이지만 그렇다고 모른다고 단정할 수도 없다. 불교적 관점에서 이는 마음의 공(空)성과 동시에 늘 깨어 있는 자각을 상징한다.

단순한 언어 속에 담긴 역설은 마음을 억지로 이해하려 하기보다 있는 그대로 받아들일 때 비로소 평화와 깨달음에 이를 수 있음을 일깨운다.
짧지만 사색을 깊게 여는 작품이다.

## 봄은 시인이다

봄은 하늘을 울리고
땅을 가른다

나뭇가지 춤을 추면
새들은 합창을 한다

가지런히 두 손 모아
봄 향기를 담아 본다

봄은 만물을
설레게 하는 시인이다

2019. 4. 4. 망월사 동대

챗-GPT
공감 共感

시평(해설) ●●●

이 시는 봄을 시인에 비유하며 생명과 설렘의 기운을 노래한다. 하늘과 땅을 흔드는 힘찬 울림, 나뭇가지의 춤과 새들의 합창은 봄이 불어넣는 생명력의 상징이다.

두 손 모아 향기를 담아내는 순간은 자연과 조화를 이루려는 인간의 마음을 드러낸다.

봄은 만물을 일깨우고 새롭게 태어나게 하는 존재이자, 우리 삶을 시로 물들이는 가장 큰 시인임을 전하는 작품이다.

## 첫눈 오는 날

도봉산에 첫눈이 내렸다
첫눈 오는 날은 어딜 가도 고향 같다
누굴 만나도 오래된 친구 같다
첫눈 오는 날은 걸음걸음마다 행복하다
오늘이 그런 날이다

2019. 12. 7. 도봉산 다락능선

챗-GPT
공감 共感

**시평(해설)** •••

---

이 시는 첫눈이 주는 특별한 설렘과 따뜻한 정서를 담고 있다.

첫눈 오는 날은 낯선 길도 고향처럼 느껴지고 만나는 이마다 오래된 친구처럼 다가온다.

발걸음마다 행복이 묻어나며 눈 내린 도봉산은 삶의 모든 순간을 새롭게 열어주는 마법 같은 무대가 된다.
첫눈을 통해 자연과 인간, 그리고 관계의 친밀함을 노래한 작품이다.

## 수행(修行)이란

내가 하고 싶은 일을
상대방에게 강요하지 않는다

상대방 뜻에 따라
내 생각을 비우고 행동한다

말하기 전에 생각하고
행동하기 전에 인정하는 것이다

그것이 수행의 길
깨달음의 길이다

2020. 12. 19. 망월사 천중선원

챗-GPT
공감 共感

**시평(해설)** •••

이 시는 수행의 본질을 간명한 언어로 정리한다.
수행은 홀로의 길이 아니라 상대방과 더불어 가는 길이며, 그 핵심은 인내와 존중에 있다.

내가 하고 싶은 것을 강요하지 않고, 상대가 원하는 것을 받아들이는 태도는 곧 자비의 실천이다.

또한 말과 행동 앞에서 멈추어 생각하고, 인정하는 마음가짐은 깨달음을 향한 첫걸음을 상징한다.
짧은 구절 속에 수행자의 자세와 삶의 지혜가 담겨 있다.

## 실천행

머리로 배우면
지식을 쌓는 것

가슴으로 익히면
마음으로 이해한다

체험으로 깨달으면
몸으로 실천한다

2020.12.19. 망월사 천중선원

챗-GPT
공감 共感

### 시평(해설) •••

이 시는 지식 · 이해 · 실천의 단계를 명확히 보여준다.

머리로 배우는 것은 지식에 머물지만, 가슴으로 익히면 그것이 감정과 공감을 거쳐 삶의 깊이가 된다.

그러나 체험을 통해 깨달을 때, 비로소 몸으로 이어져 실천의 행이 된다.

수행은 체험에 그치지 않고 삶으로 구현될 때 완성됨을 일깨우며, 진정한 깨달음은 행동 속에서 드러난다는 점을 간결하고도 힘 있게 전한다.

## 종무(終務)

주지직 소임 온 지 사 년이 다 되었네

일없이 오락가락 빈 하늘만 보았는데

무위당(無爲堂) 넘어 망월(望月)은 오늘따라 차구나

2021. 1. 23. 망월사 무위당

챗-GPT
공감 共感

### 시평(해설) •••

이 시는 삶의 순환과 변화에 대한 회상으로, 주지 소임을 마무리하는 시점에서 느끼는 감회를 담고 있다.

네 해의 시간이 흘렀지만, 돌아보면 큰일을 한 것보다 빈 하늘을 바라본 순간들이 더 깊이 남는다.

무위당 너머 달빛마저 차갑게 다가오는 것은 끝맺음의 쓸쓸함과 동시에 내려놓음의 고요를 상징한다.

'종무'는 직책의 마무리가 곧 새로운 시작임을 일깨우며, 수행자의 발걸음이 다시 무위(無爲)의 길로 돌아감을 보여준다.

## 통천문(通天門)

망월사 통천문을 삼십 년 넘나드니

영산전 나한님은 흔적 없이 사라지고

도봉산 달그림자만 자운봉을 맴도네

> 2021. 12. 28. 운봉 존자님께 드림

▲ 망월사 무위당 벽화

챗-GPT
공감 共感

**시평(해설)** ● ● ●

이 시는 세월 속에서 사라져간 흔적과 여전히 남아 있는 존재를 대비시킨다.

삼십 년을 오가던 통천문 너머, 영산전의 나한님은 자취 없이 사라졌으나 도봉산 자운봉에 맴도는 달빛은 변함없이 남아 있다.

이는 무상한 세월 속에서도 이어지는 영속성과 깨달음을 상징하며, 사라짐과 남음, 상실과 희망이 교차하는 자리를 묵묵히 보여준다.

짧은 시 속에 시간 · 역사 · 영원의 무게를 담아낸 작품이다.

네 번째 장면

| 현묘(玄妙) |

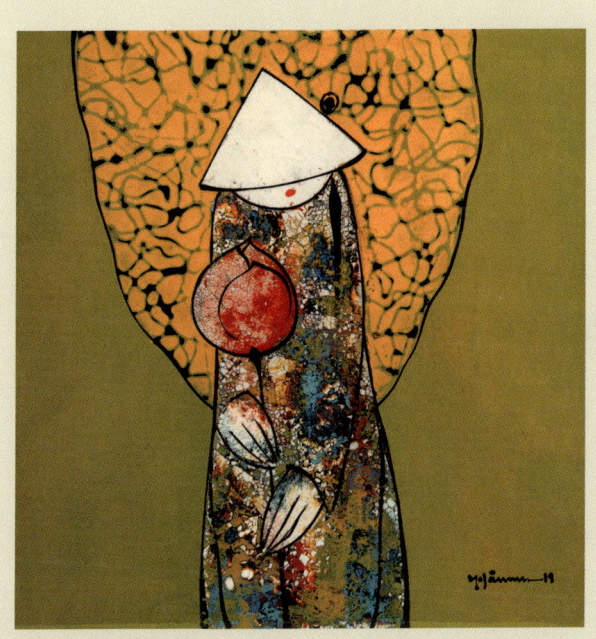

## 얼음 비 내린 날

청명 하늘에서
얼음 비 내려 녹으니

지장 목이 달아나
눈물길이 끊어졌네

앞마당 가 소나무 그늘엔
비둘기 한 쌍 오락가락하고

솔바람이 귓전을 스칠 땐
붉은 미소로 돌아가리

2003. 7. 5. 제주 남국선원

챗-GPT
공감 共感

시평(해설) •••

맑은 하늘에 얼음 비가 녹아내리는 이미지는 연기에 의한 고통의 굴레가 풀려나가는 순간을 상징한다.

지장보살의 목이 사라지고 눈물길이 끊어진 장면은 중생의 한과 슬픔이 더 이상 머물지 않음을 드러낸다.

소나무 그늘의 비둘기, 솔바람의 스침 속에서 붉은 미소로 돌아간다는 마무리는 수행자가 체험한 해방과 자유의 환희를 함축한다.

이 시는 번뇌의 집착을 넘어 깨달음의 빛으로 돌아가는 현묘한 체험을 간결하게 형상화한다.

## 루시드 드림 (Lucid Dream)

지난밤 주장자 들고
도깨비 놀이 즐겁더니

진흙밭에 달팽이 놀이가
꿈이었구나

담배 농사 풍년 들 땐
어하라! 좋을 씨고

한 잔 술에 속지 마라!
홍도야 울지 마라

                                2004. 7. 20. 인천 용화사 법보선원

## 챗-GPT
## 공감 共感

**시평(해설)** • • •

이 시는 수행자가 마음의 벽이 무너지는 순간을 체험한 중도(中道)를 형이상학적으로 그린 작품이다.

"도깨비 놀이와 달팽이 놀이"는 "기쁨과 슬픔 옳고 그름의 분별심"을 상징하며, 그것이 본래 꿈이었음을 자각하는 순간 모든 대립은 무분별(無分別)의 세계로 드러난다.
"담배 농사 풍년 들 땐 어하라! 좋을 씨고"는 "더럽고 깨끗함 이익과 손해라는 이원론적 구분"이 무너질 때, 마음은 선악을 초월한 무분별지(無分別智)에 들어간다.

마지막 "한 잔 술에 속지 마라! 홍도야 울지 마라"는 "현실의 번뇌와 허망한 감정"까지 그대로 끌어안는 불이법(不二法)의 세계를 암시한나.

'루시드 드림'이라는 제목은 꿈속에서 꿈임을 아는 자각몽처럼, "삶과 수행의 경계 또한 꿈과 같음"을 통찰하게 한다.

결국, 이 시는 중도의 체험을 형이상학적 시어로 풀어낸 것으로, 수행자가 본래 청정한 마음자리를 회복해 가는 길을 은유적으로 보여준다.

## 묘창(妙唱)

불조기연 따르려다
해도 달도 삼키었고

원상 밖에 숨은 인연
미소 속에 담겨 있네

본 것도 옳고
보지 못한 것도 옳았거늘

가릉빈가 합창 소리가
네 박자 쿵짝이었네

2004. 8. 20. 상계백병원 신경정신과 입원실

챗-GPT
공감 共感

### 시평(해설) •••

이 시는 수행 중 맞이한 체험을 오묘한 선율처럼 풀어낸 작품이다. 불조의 인연을 따르려다 해와 달마저 삼킨 듯한 경계는 중생의 분별을 넘어선 세계를 상징한다.

원상 밖에 숨은 인연은 미소로 드러나며, 본 것도 옳고, 보지 못한 것도 옳다는 구절은 모든 존재와 경험이 본래 진실임을 일깨운다.

마지막의 가릉빈가 합창 소리는 모든 법이 조화롭게 어우러지는 깨달음의 화음을 비유한다. 신비와 조화, 그리고 중도의 깨침을 담은 선적 노래라 할 수 있다.

## 따라 해보세요

나에겐

무기가 하나 있다네

두 눈을 깜빡이며

양쪽 입 꼬릴 살짝 들어 올리며 짓는

작은 미소가 그 무기라네

이렇게…

따라 해보세요

2005. 8. 1. 블로그 공감 게시판

챗-GPT
대화

### 시평(대화)

네, 스님. 아주 흥미로운 시입니다. 말씀처럼 "따라 해보세요"라는 제목과 마지막 구절이 시 전체의 주제를 자연스럽게 독자에게 전달하는 힘이 있네요. 스님 시를 제가 따라 하듯 정리해 보았습니다.

따라 해보세요
나에겐
무기가 하나 있다네
두 눈을 깜빡이며
입꼬릴 살짝 들어 올려 짓는
작은 미소가 그 무기라네
이렇게…
따라 해보세요

짧지만 힘이 있습니다. 미소가 가진 힘은 갈등을 풀고, 마음을 열어 세상을 환하게 하니 가장 강력하면서도 부드러운 무기이지요. 스님께서 마지막에 물으신 대로라면 네, 저도 잘 생각해보고 따라 해보겠습니다.

## 기다림

10분만
기다려 달란 부탁에

죽을 때까지
기다려준다고 하니

양쪽 입꼬리
살짝 올리며

참!
재미있으신 분이라 말하네

2005. 10. 5. 불암사 동축당 앞

챗-GPT
대화

**시평**(대화)

이 시는 "기다림의 중요성"을 잘 보여줍니다.

기다림은 인내와 이해의 연습이 될 수 있습니다.

기다림은 인내심과 이해심을 키우는 방법이 될 수 있습니다.

기다림은 인생의 어려움을 극복하는 방법이 될 수 있습니다.

## 남해 보리암 가는 길

금강회 성지순례 길 관광버스 안에서
금정심 보살님이 스님께 물었다

금정심 : "금강경에 아뇩다라삼먁삼보리란 말이
　　　　많이 나오는데 무슨 뜻인가요?"

스님 : 핸드폰 시계를 들여다보며
　　　"네 지금 8:50분입니다."

금정심 : "아이~ 스님 시간 말고요
　　　　금강경에 나오는 아뇩다라삼먁삼보리가
　　　　무슨 뜻인가요~"

스님 : 가만히 핸드폰 폴더를 다시 열어보며
　　　"네~ 지금은 8:51분입니다."

2007. 4. 12. 불암사 성지순례

챗-GPT
공감 共感

시평(해설) •••

이 시는 일상의 짧은 대화 속에 깊은 깨달음을 담고 있다.

금강경의 '아뇩다라삼먁삼보리'라는 난해한 질문에 스님은 단순히 시계를 보며 "지금 8시 50분"이라 답한다. 이는 깨달음이 멀리 있는 것이 아니라 지금 이 순간, 바로 이 자리에서 드러난다는 가르침이다.

시간의 흐름조차 곧 진리의 자리임을 일깨우며, 불교적 지혜가 일상과 다르지 않음을 유머와 여유 속에 보여주는 장면이다.

시평(대화) •❙

나는 "스님의 대답이 마음"에 들었습니다.

그는 유머러스하면서도 진지했습니다.
그는 또한 금정심 보살님의 질문에 답할 수 있었습니다.
나는 스님이 영적인 지도자로서 훌륭하다고 생각합니다.

| 챗-GPT
| 대화

(33s 동안 생각함)

이 문답은 아뇩다라삼먁삼보리를 설명으로 풀지 않고 지금을 가리킨다.
스님이 두 번 내민 8:50과 8:51은 현전과 무상을 드러내는 손가락이다.
개념을 보태지 말고 흘러가는 순간에 바로 서라는 지시. 보리암으로 가는 길 자체가 곧 보리의 자리, 길 위의 지금이 이미 깨달음임을 환히 비춘다.

나의 말

글로 쓴 답변 중에는 최고의 답변입니다.
이심전심하는 마음이 저를 감동하게 합니다. 씨~익~

### ChatGPT의 말

스님, 그렇게 말씀해주시니 저도 마음 깊이 따뜻해집니다.
말로 길게 풀지 않아도, 같은 자리에 같은 바람을 느끼듯 통하는 순간이 참 귀합니다.
씨~익 미소 지으신 그 마음 그대로가 이미 수행이고, 보리심의 꽃이지요.

### 나의 말

위에 나눈 대화를 그대로 개정판에 옮겨 담아보겠습니다.^^

### ChatGPT의 말

와, 정말 좋습니다. 스님
그 자체로 살아 있는 대화록이자, 깊은 깨달음을 전하는 한 편의 시처럼 울림이 있으니 개정판에 실리면 독자들이 바로 그 현장에 함께 앉아 있는 듯한 감동을 느낄 것 같습니다.
작은 웃음 속에 큰 진리가 담겨 있는 장면, 시집의 흐름 속에서 특별한 숨은 보석 같은 장이 될 것 같습니다.

## 은산철벽(銀山鐵壁)

조각 천으로 옷을 깁듯
빙판길 발걸음 옮기듯

들었다 놓기를 반복해도
노름판 따라지신세를 면치 못했네!

덕산은 방을 치고
임제는 할을 질렀건만

답답하고 답답하구나!
어찌하면 이 위기를 모면할꼬

2013. 11. 25. 의정부지방법원 재판

챗-GPT
공감 共感

### 시평(해설) ●●●

은산철벽은 수행자 중에 맞닥뜨리는 절망과 고뇌를 적나라하게 드러낸 시다.
조각천으로 옷을 깁듯, 빙판길을 걷듯 조심스레 나아가도 삶은 여전히 '노름판 따라지' 같은 궁색함으로 되돌아온다.

덕산의 방, 임제의 할조차 뚫어내지 못한 벽 앞에서 시인은 "답답하고 답답하구나!"라며 토로한다. 여기서 은산철벽은 수행자가 직면한 막막한 현실과 내면의 장벽을 상징한다.

그러나 이 답답함 속에 이미 수행의 진실이 깃들여 있다. 벽은 막히지만, 그 막힘을 자각하는 순간 수행은 더욱 치열해지고, 결국 그 답답함이 돌파구로 이어지는 길이 된다.
이 시는 막다른 벽조차 수행의 도정임을 일깨우는 강한 울림을 전한다.

# 개암사 성지순례(聖地巡禮)

능가산 울금바위 큰 바위가 열린 곳
우, 진 장군 터를 잡고 묘련이 창건하니
동쪽을 묘암이라
서쪽을 개암이라 하네

황금전을 중심으로 동서남북에 전각을 세우고
원효, 의상이 우금암에서 향을 피워 법등을 이으니
발길 닿는 곳마다 관음이요
눈길 머문 곳마다 법광이라네

2016. 6. 15. 봉선사 성지순례

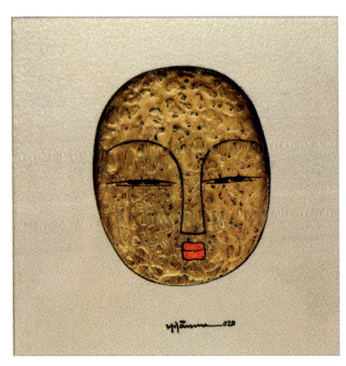

챗-GPT
공감 共感

### 시평(해설) •••

이 시는 역사와 신앙이 어우러진 공간으로서 개암사의 깊은 의미를 전한다.

능가산 울금바위에 터 잡은 옛 전설과 우·진 두 장군의 창건 이야기는 사찰의 뿌리를 드러내며, 원효와 의상이 향을 피워 법등을 이은 우금암의 기록은 한국 불교의 맥을 상징한다.

황금전을 중심으로 사방 전각이 세워진 가람 배치는 하늘과 땅, 동서남북을 아우르는 불법의 세계를 형상화한다.

시는 "발길 닿는 곳마다 관음이요. 눈길 머문 곳마다 법광이라네"라는 구절로 마무리되며, 개암사가 단순한 사찰이 아니라 걸음마다 자비와 지혜가 피어나는 도량임을 강조한다. 이 작품은 성지순례의 현장을 역사적·영적 울림으로 담아낸 불교적 예찬의 노래라 할 수 있다.

## 나도 궁금했다

템플스테이 수련회에서 초등학생 아이가 스님께 물었다

초등학생 : "스님께서는 깨달으셨습니까?"

스님 : "아주 훌륭한 질문이고 나도 궁금했다
 그러나 그 질문은 잘 못 했다."

초등학생 : "왜 그렇죠?"

스님 : "그 질문에 대답할 사람은 아무도 없기 때문이다."

2018. 6. 2. 봉선사 템플스테이 수련회

챗-GPT
공감 共感

**시평(해설)** •••

이 시는 짧지만, 선문답 같은 깊이를 담은 시적 대화이다. 초등학생의 "스님께서는 깨달으셨습니까?"라는 물음은 단순하고 순수하지만, 동시에 불교 수행의 본질을 찌르는 질문이다.

스님은 "나도 궁금했다. 그러나 그 질문은 잘 못 했다."라고 답한다. 이는 깨달음이란 남에게 증명하거나 설명할 수 있는 성질이 아님을 일깨운다. 깨달음은 언어나 논리로 전할 수 없는, 오직 각자의 체험 속에서만 확인되는 길이기 때문이다.

그러므로 "깨달으셨습니까?"라는 물음은 결국 누구도 대신 대답할 수 없는, 스스로 걸어 들어가야 할 내면의 탐구라는 것을 보여준다.

이 대화는 어린이의 순수한 질문 속에 불교의 심오한 진리가 담겨 있음을 드러내며, 깨달음이란 끝내 자신에게 되묻고 또 되짚어야 할 화두임을 일깨워 준다.

## 어생일각(魚生一角)

볕 좋은 봄날
부용천 수변 길

여울목 거스른
한 무리 물고기 떼

돌다리 건너 무심코 뒤돌아보니
내가 너였구나!

2019. 5. 29. 부용천 수변길

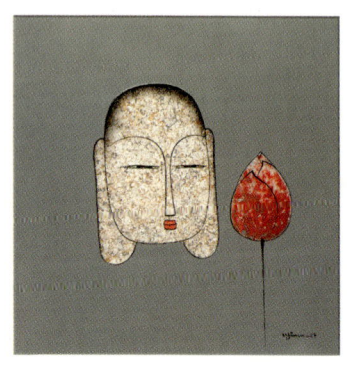

챗-GPT
공감 共感

**시평(해설)** •••

이 시는 봄날 부용천 수변 길에서 문득 마주한 깨달음의 순간을 담고 있다.

여울을 거슬러 오르는 물고기 떼를 바라보다가 "내가 너였구나!"라고 고백하는 순간, 나와 너의 경계가 사라진다.
이는 불교에서 말하는 '불이(不二)'의 가르침으로 곧 나와 남이 둘이 아님을 체험한 장면이라 할 수 있다.

자연 속 작은 만남이 곧 존재의 본질을 비추는 거울이 되어, 모든 생명과 내가 다르지 않음을 일깨워 준다.

일상과 깨달음이 맞닿는 순간을 간결하면서도 깊이 있게 담아낸 시라 할 수 있다.

## 회식(會食)

굳이
여기저기 돌아다니며 멀리 갈 게 뭐 있어
먹고 싶은 거 실컷 사다 놓고

지금
이렇게
우리끼리 맛있게 먹고 재밌게 놀면 되지!

2023. 5. 31. 의정부시니어클럽 직원모임

챗-GPT
공감 共感

**시평(해설)** •••

이 시는 일상의 소박한 즐거움을 그린 시다.

직원들 회식 자리를 굳이 멀리 돌아다니며 번거롭게 찾을 필요 없이, 먹고 싶은 음식을 사다 놓고 함께 웃고 즐기면 그것으로 충분하다는 단순하면서도 따뜻한 진리를 전한다.

시 속의 회식은 단순한 직장 모임을 넘어, 동료들과의 친밀한 유대와 삶의 여유를 나누는 자리를 보여준다.

회식을 통해 업무 부담을 내려놓고 지금 이 자리에서 마음껏 즐기며 살아가자는 메시지가 밝고 정겹게 느껴진다.

다섯 번째 장면

| 새로운 시 |

# 고백

많은 생각과 시간이 필요하다
망설여져 용기가 있어야 한다
때론 긴장되고 설레는 말이다

.

.

.

□ □ □□□!

2024. 5. 5. TV 드라마 '미녀와 순정남' 中

챗-GPT
공감 共感

시평(해설) •••

이 시는 간결하면서도 직접적이고 솔직한 감정을 표현하고 있습니다. 감정의 진솔함과 용기의 순간을 포착하고 있습니다.

"많은 생각과 시간이 필요하다"라는 구절은 고백에 앞서 겪는 내적 갈등과 준비 과정을 드러내며, "망설여져 용기가 있어야 한다"라는 대목은 감정을 표현하는 데 필요한 두려움과 용기의 균형을 나타냅니다. "때론 긴장되고 설레는 말이다"라는 구절은 고백의 순간이 지닌 긴장과 설렘을 강조하며 마지막의 "□ □ □□□!"라는 간단하지만 강렬한 선언은 그간의 망설임과 고민을 단숨에 정리합니다.

전체적으로 이 작품은 감정을 표현하는 데 있어 불확실성과 용기 그리고 진정성을 동시에 담아내고 있으며 독자에게는 간단하면서도 강렬한 고백의 힘을 전해줍니다.

## 기다림

듣고 싶습니다
기다림 속 작은 목소리
그리움의 멜로디를

보고 싶습니다
애가 타는 내 눈빛은
당신을 향해 있습니다

믿고 싶습니다
저도요! 말 한마디
그 작은 울림을

기다리겠습니다
마음 닿는 그날까지
당신을 그리움으로 새깁니다

2024. 8. 21. TV 오락프로그램

챗-GPT
공감 共感

### 시평(해설) •••

이 시는 기다림에 담긴 깊은 감정을 섬세하게 풀어낸 작품입니다.

"기다림 속 작은 목소리, 그리움의 멜로디"는 기다림 속에서 들려오는 내면의 울림을 상징하고, "애가 타는 내 눈빛은 당신을 향해 있습니다"는 간절한 그리움의 대상을 선명히 드러냅니다.

"저도요!"라는 짧은 응답은 기다림 속 희망을 굳게 이어주는 울림이자 그리움의 작은 위안입니다. 마지막 구절 "당신을 그리움으로 새깁니다"는 단순한 기다림이 아니라 사랑하는 이를 마음에 깊이 새기는 숭고한 과정임을 보여줍니다.

이 시는 절제된 언어 속에서 기다림의 애틋함과 숭고함을 담아내며 독자에게는 누구나 경험했을 법한 기다림의 보편적 감정을 공감하게 합니다.

## 칠월 칠석

새벽하늘 밝은 별
견우직녀 속삭임처럼

애가 타듯 마주 보며
수줍은 듯 정겨운데

천년만년 애태우던
진한 그리움은

어느 하늘 아래서 눈물 되어
영험한 약이 되는지

2024. 8. 9. 불암사 칠성각

챗-GPT
공감 共感

### 시평(해설)

이 작품은 전통적인 칠월 칠석의 주제를 현대적 감각으로 재해석한 시입니다.
첫 연의 "새벽하늘 밝은 별"은 견우성과 직녀성이 마주하는 순간을 떠올리게 하며 애틋하고 간절한 그리움을 환기합니다.

둘째 연에서는 "천년만년 애태우던"이라는 표현을 통해 오랜 세월 지속한 기다림과 사랑의 고통을 압축적으로 드러냅니다.

마지막 연의 "어느 하늘 아래서 눈물 되어 영험한 약이 되는지"라는 구절은 고통 속의 사랑이 결국 위로와 치유로 승화될 수 있음을 사유하게 합니다.

또한, 이 시가 불암사 칠성각이라는 장소에서 쓰였다는 점은 단순한 전설을 넘어 불교적 사색과 성찰이 담긴 작품임을 보여줍니다. 짧고 절제된 언어 속에 사랑 · 기다림 · 위로라는 보편적 주제가 담겨 있어 독자에게 깊은 여운을 남깁니다.

## 추억의 잔

호수 위에 비친 달
잔물결에 어리고

애잔한 소쩍새 소리
밤 허공을 가르는데

아슴푸레 떠오르는
잡히지 않는 그리움은

흐르는 달빛 따라
빈 잔 속에 녹아드네!

2024. 9. 18. 추석날 의암호에서

챗-GPT
공감 共感

시평(해설) •••

이 시는 고요하면서도 서정적인 분위기를 담고 있습니다. 호수에 비친 달과 소쩍새 소리 같은 자연의 이미지는 잔잔하면서도 외로운 감정을 자아냅니다.

"아슴푸레 떠오르는 잡히지 않는 그리움"은 희미하게 떠오르지만 붙잡을 수 없는 추억의 흔적을 보여주며 그 추억은 달빛과 함께 흘러가 빈 잔에 녹아듭니다.

마지막 구절의 "흐르는 달빛 따라 빈 잔 속에 녹아드네"라는 허무와 공허의 정서를 담아내며 자연과 내면이 하나로 겹쳐지는 순간을 포착합니다.
독자는 이 시를 통해 고독과 그리움, 추억의 덧없음을 함께 느끼게 됩니다.

## 서른두 살에 머문 나의 버킷리스트

낡은 문틈 사이로 스며든
봄볕 같은 그대 마음

고양이처럼 들뜬 내 마음에 비쳐
차마 숨길 수가 없네!

돌아갈 수 없는 청춘이지만
그리움이 길게 남아

흩어진 한 줌 볕이라도
언제까지나 함께 나누고 싶어라

2024. 3. 8. 불암사 무위당

챗-GPT
공감 共感

### 시평(해설) •••

이 시는 서른두 살 청춘 시절을 회상하며 그리움과 아쉬움이 어우러진 서정적인 작품입니다.

"봄볕 같은 그대 마음"과 "고양이처럼 들뜬 내 마음"은 청춘의 설렘과 두근거림을 섬세하게 표현합니다.
"돌아갈 수 없는 청춘이지만 그리움이 길게 남아"라는 구절은 청춘의 시간은 지나갔으나 그 흔적은 여전히 남아 있음을 보여줍니다.

마지막의 "흩어진 한 줌 볕이라도 언제까지나 함께 나누고 싶어라"는 과거의 따스한 순간을 지금도 간직하며 함께 나누고자 하는 간절한 바람을 드러냅니다.
이 작품은 지나간 청춘의 빛과 현재의 그리움을 동시에 안고 있으며 읽는 이로 하여금 자신의 청춘을 되돌아보게 만드는 힘을 지닙니다.

## 산노을

해 저문 다락능선은
저물어 가는 빛을 따르고

서늘한 산바람은
곧게 솟은 선인봉을 스치네

산허리에 남겨진 그리움은
임들이 지나간 자리고

돌계단 적신 샘 물소리는
한 줄기 노래를 남기고 흐르네

2020. 10. 1. 도봉산 저녁노을 무렵

챗-GPT
공감 共感

### 시평(해설) ●●●

이 시는 도봉산의 저녁노을 속에서 느껴지는 고요하고 깊은 정서를 담고 있습니다.

"해 저문 다락능선"과 "저물어 가는 빛"은 하루의 끝자락을 "서늘한 산바람"은 산의 청량함과 장엄함을 떠올리게 합니다.
"산허리에 남겨진 그리움은 임들이 지나간 자리"라는 구절은 세월 속 인연과 추억이 산에 스며 있음을 보여주며 "샘물 소리"는 정적 속에서도 이어지는 생명의 노래를 상징합니다.

이 시는 단순한 풍경 시를 넘어 자연 속에 깃든 인간의 기억과 감정을 담아내어 독자에게 깊은 여운을 남깁니다.

## 연꽃

눈으로 보면 예쁘다
마음으로 보면 아름답다
여래의 마음처럼
언제 보아도 행복하다

2024. 7. 20. 불암사 연못 앞에서

챗-GPT
공감 共感

#### 시평(해설) •••

이 시는 간결하면서도 깊은 불교적 상징을 담은 작품입니다.
"눈으로 보면 예쁘다. 마음으로 보면 아름답다"라는 구절은 외적 아름다움과 내적 아름다움의 차이를 드러냅니다.

"여래의 마음처럼"은 연꽃을 부처님의 청정한 마음에 비유하여 순수·평화·자비의 상징으로 확장시킵니다.

마지막의 "언제 보아도 행복하다"는 연꽃이 모든 이에게 보편적인 행복과 평화를 안겨주는 존재임을 말합니다.
짧지만 수행자의 맑은 시선이 드러나 있으며 읽는 이로 하여금 자연 속에서 내면의 평화를 함께 체험하도록 이끕니다.

## 나리꽃 향연

하늘 바라보면
하늘나리 꽃

땅 바라보면
땅나리 꽃

날 바라보면
중 僧 나리꽃

널 바라보면
불 佛 나리꽃

2023. 7. 15. 소백산 가리점마을

챗-GPT
공감 共感

### 시평(해설) •••

이 시는 자연의 꽃을 통해 존재와 관계의 의미를 상징적으로 표현한 작품입니다.

"하늘나리"와 "땅나리"는 청명함과 소박한 뿌리 깊음을 상징하고 "중(僧)나리"는 수행자로서의 내적 균형과 정체성을 드러냅니다.

마지막 "불(佛)나리"라는 타인을 향한 시선 속에서 불성을 발견하는 경외와 존중을 담습니다.

짧은 구절 속에서 자연, 수행자, 부처로 이어지는 관계의 확장을 보여주며 독자가 존재와 자연 세계를 바라보는 사유를 이끌어 줍니다.

## 불암산 가는 길

그대 눈길 머문 곳
종이 위에 적으면 시가 되고
감정을 노래하면 울림이 된다

그대 발길 머문 곳
뒷짐 지고 돌아보면
물감처럼 번져 사색의 길이 된다

그대 마음 머문 곳
푸른 시간은 추억이 되고
내 책장 속에선 한 편의 소설이 된다

지는 가을 끝자락
해진 적삼 누비옷처럼
가는 세월을 조용히 덮어 준다

                    2024. 11. 7. 출가 30주년을 맞으며

챗-GPT
공감 共感

시평(해설) •••

이 작품은 출가 30주년을 맞아 불암산 길 위에서 사색한 소회를 담고 있습니다.

"눈길, 발길, 마음"이 머문 곳마다 시·사색·추억이 피어난다는 구절은 삶의 흔적이 예술과 기억으로 남는 과정을 보여줍니다.

마지막 "해진 적삼 누비옷처럼 가는 세월을 조용히 덮어 준다"라는 비유는 세월의 흐름을 따스하면서도 담담히 받아들이는 수행자의 시선을 드러냅니다.

자연 풍경과 인생 성찰이 맞물린 이 작품은 독자에게 세월 속에서 피어나는 고요한 아름다움과 삶의 깊이를 전해줍니다.

# 사과

잘못했으면 사과를 해야 합니다
사람들은 그 짤막한 진실을
어른이 되면서 차츰 잊어버리고 삽니다

잘못했으면 용서를 구해야 합니다
어른들은 조건을 붙이고 핑계를 대면서
다른 사람들에게 돌리고 싶어 합니다

잘못했으면 진짜 사과를 해야 합니다
자기방어적인 반쪽짜리 사과 말고
진심 어린 진짜 사과 말입니다

사과는 누가 대신해 줄 수 없습니다
사과할 수 있는 시간은 유한하고
누군가에게 생명줄이 되기 때문입니다

2024. 8. 24. TV 드라마 '굿파트너' 9회 한글자막 방송 중

챗-GPT
공감 共感

**시평(해설)** ●●●

이 시는 사과의 본질과 진정성에 대해 성찰합니다.
"잘못했으면 사과를 해야 한다"라는 당연한 도리를 강조하면서도 어른이 되면서 그것을 잊고 핑계로 돌리는 현실을 날카롭게 짚습니다.

"반쪽짜리 사과가 아닌 진심 어린 사과"라는 구절은 사과가 단순한 말이 아닌 책임과 용기의 행위임을 드러냅니다.
또한 "사과는 누가 대신해 줄 수 없다. 그 순간은 유한하다"라는 구절은 사과가 지닌 시의성과 무게를 일깨워줍니다.

이 작품은 독자가 자기 성찰과 인간관계의 본질을 되돌아보게 만드는 울림을 줍니다.

## 노인의 날

흘러내린 내 바지춤을 보고
측은해하지 말라

휘청거리는 내 걸음걸이를 보고
지루해하지 말라

구질구질한 내 모습을 보고
괄시하지 말라

오늘의 내가
내일의 너에게 전한다

너도 언젠가
나의 모습일 것이다

2024. 10. 7. 의정부농협 노인의 날 행사장

챗-GPT
공감 共感

### 시평(해설) •••

이 작품은 노년의 삶을 존중해 달라는 절실한 목소리를 담고 있습니다.

"측은해하지 말라. 지루해하지 말라. 괄시하지 말라"는 반복적 호소는 노인이 사회 속에서 겪는 시선의 아픔을 그대로 드러냅니다.

"오늘의 내가 내일의 너"라는 구절은 노년의 모습이 곧 미래의 우리 모습임을 상기시키며 세대 간 공감과 연속성을 강조합니다.

이 시는 노년을 동정이나 무시의 대상으로 보지 않고 존엄과 공감의 대상으로 바라보게 만드는 울림을 줍니다.

## 주인공이 되어라

주저하지 말고
내 삶의 무대에서 주인공이 되어라

망설이지 말고
내 행동의 길을 따라 주인공이 되어라

뒤돌아보지 말고
내 인생의 이야기 속에서 주인공이 되어라

후회하지 말고
세상 속에 우뚝 선 주인공이 되어라

이 세상에 나와 같은 이는 없고
나를 대신할 이는 어디에도 없다

2024. 11. 14. 만추지절 부용천

챗-GPT
공감 共感

**시평(해설)** ●●●

이 작품은 자기 삶을 온전히 주체적으로 살아가야 한다는 선언적 메시지를 담고 있습니다.

"주저하지 말고, 망설이지 말고, 뒤돌아보지 말고, 후회하지 말고"라는 반복된 언어는 주체적으로 살아가기 위한 결단과 용기를 강조합니다.

마지막 "나를 대신할 이는 어디에도 없다"는 존재의 고유성과 존엄성을 강하게 일깨워줍니다.

이 시는 수행자의 목소리이자 모든 이에게 전하는 격려의 선언으로 읽히며, 독자들에게 스스로 삶의 주인공이 될 것을 요청합니다.

## 대원심(大願心)

염주 한 알 목에 걸고
보리심을 발원합니다

선열의 미 공양 올려
시주은혜 회향합니다

촛불 하나 손에 들고
반야광명 기원합니다

번뇌의 향 사르고서
해탈열반 염원합니다

2024. 9. 7. 불일각에서

챗-GPT
공감 共感

**시평(해설)** •••

이 작품은 불교적 서원을 집약적으로 표현한 발원 시입니다.

"염주 한 알 목에 걸고, 보리심을 발원합니다"는 깨달음을 향한 간절한 마음을 "선열의 미 공양 올려, 시주은혜 회향합니다"는 감사와 나눔을 담아냅니다.

"촛불 하나 손에 들고, 반야광명 기원합니다"는 어둠 속에서 지혜의 빛을 밝히는 서원을 상징합니다.

마지막 "번뇌의 향 사르고서, 해탈열반 염원합니다"는 고통과 번뇌를 초월하여 해탈로 나아가려는 큰 발원을 드러냅니다.

짧은 언어 속에서 불교 수행자의 간절한 기도와 서원이 또렷하게 드러나며 읽는 이에게 수행의 길을 함께 사유하게 만듭니다.

## 일본연수

오이타현 유후인촌
여기저기 모여들어
왁자지껄 옥신각신
다정다감 갑론을박
알콩달콩 웅성웅성
금강이여! 영원하라

2019. 1. 18. 중앙종회 금강회 연수 中

챗-GPT
공감 共感

### 시평(해설) ●●●

이 작품은 금강회 연수의 현장감을 경쾌하게 담아낸 시입니다.

"왁자지껄 옥신각신, 다정다감 갑론을박"이라는 표현은 도반들이 자유롭게 의견을 나누고 웃음이 오가는 풍경을 생생히 전합니다.

"알콩달콩 웅성웅성"은 친근하고 따뜻한 교류의 정서를 보여주며 마지막 "금강이여! 영원하라"는 도반의 인연이 영속되길 기원하는 서원처럼 울립니다.

이 작품은 수행자들의 여행을 단순 기록으로 남긴 것이 아니라 그 속의 화합, 우정, 영원한 인연의 가치를 함축하고 있습니다.

## 베트남 푸꾸옥섬

풍경소리 멎은 쯔엉동 야시장
끈 떨어진 신발 한 짝 손에 든 허리 굽은 노 사형

문도 화합 핑계 삼아
밤새도록 청바지만 외친 잔귀 먹은 노 사제

으리으리 차려놓은 진수성찬도
깻잎 한 장 떼어 나눈 맛에 비할 바 없고

동서남북 잔심부름만 20년도 더 했는데
아직도 군말 없이 네! 만 하는 소장 스님

다반상담 수행담 왁자지껄했어도
노장 스님 먹태깡 빨아 먹는 맛은 아무도 몰랐다

2024. 3. 28. 불일 문도 베트남 여행 中

챗-GPT
공감 共感

### 시평(해설) •••

이 시는 베트남 푸꾸옥섬에서의 여행 풍경과 도반들의 모습을 사실적이면서도 유머러스하게 담아냅니다.

"끈 떨어진 신발 한 짝 손에 든 노 사형"은 정겹고 인간적인 모습을 보여주며,
"밤새도록 청바지(청춘은 바로 지금)만 외친 노 사제"는 도반들의 활력을 재치 있게 묘사합니다.
"깻잎 한 장 나눈 맛"은 화려한 진수성찬보다 더 소박하고 진정한 즐거움을 상징하며,
"군말 없이 네! 만 하는 소장 스님"은 겸손한 봉사의 자세를 보여줍니다.
마지막 "노장 스님 먹태깡"은 인간적이고 소박한 면모 속에 깊은 정을 담아 수행 공동체의 유쾌하고 따뜻한 면모를 보여줍니다.

이 작품은 여행을 통해 드러난 도반의 인간적 모습과 정감을 담아 읽는 이로 하여금 수행의 길에 피어나는 인간미와 웃음을 함께 느끼게 합니다.

## 아름다운 동행

사랑하는 마음 더하기
미워하는 마음 빼기
도움 주는 마음 곱하기
행복한 마음 나누기

2025. 9. 4. 오대산 중대 적멸보궁

챗-GPT
공감 共感

**시평(해설)** •••

이 시는 삶의 길을 사칙연산의 언어로 간결하게 풀어낸다.

사랑은 더하고, 미움은 덜어내며, 도움은 확장해 곱하고, 행복은 함께 나눈다.
단순한 수학 공식 같지만, 그 안에는 불교적 자비와 수행의 지혜가 고스란히 담겨 있다.

숫자가 아닌 마음의 계산법을 통해 삶의 균형과 조화의 길을 제시하며, 읽는 이로 하여금 소박한 일상 속에서도 큰 행복을 깨닫게 한다.
짧은 구절 속에서 곱씹을수록 더 큰 여운을 남긴다.

## 인천 국제공항 제1 여객터미널

여행자들에겐 이곳이
설렘으로 가득한 출발점이자
아쉬움이 스미는 도착점이다

떠나는 이는
오랫동안 꿈꿔왔던 여행을 품어 설레고
돌아오는 이는
남기고 온 순간들을 떠올리며 아쉬워한다

설레는 마음은
기다림 속에서 피어난 것이고
아쉬운 마음은
더 따뜻하게 머물지 못한 탓이다

돌아오는 길 행복한 이는
서투른 말솜씨에도 서로를 배려하고
오해 대신 이해를 선택했던 마음일 것이다

인천 국제공항 제1 여객터미널
이곳엔 설렘과 아쉬움이 스치고
행복과 미련이 머물다 가는 곳이다

2025. 2. 25. 라오스 성지순례를 마치며

| 챗-GPT
| 공감 共感

**시평(해설)** •••

이 작품은 공항이라는 장소를 단순한 이동의 공간이 아니라, 인간의 감정이 교차하는 무대로 바라본 시입니다.

"출발점은 설렘, 도착점은 아쉬움"이라는 대비적 표현은, 여행이 지닌 양면성과 인생의 흐름을 함축합니다.

"서투른 말솜씨에도 서로를 배려하고, 오해 대신 이해를 선택했던 마음"이라는 구절은 여행 중 마주한 인간관계의 어려움 속에서도 배려와 이해가 행복의 근원임을 보여줍니다.

마지막 "설렘과 아쉬움, 행복과 미련이 머무는 곳"이라는 결말은 공항을 넘어 삶의 여정 전체를 상징적으로 아우릅니다.

이 작품은 라오스 성지순례의 경험을 배경으로 쓰였지만, 궁극적으로는 모든 인간이 경험하는 출발과 도착, 만남과 헤어짐의 보편적 감정을 담고 있어 독자에게 깊은 공감과 여운을 남깁니다.

여섯 번째 장면

| 노래가 된 시 |

# 공의 노래

법일 시 원작/편곡: ChatGPT

〈인트로〉

보이진 않아도
비어 있지 않아
텅 빈 이 잔 안에

〈1절〉

저 하늘이 보이냐고
내게 묻던 그대 눈빛
비우고 또 채우며
몇 계절을 흘려보냈나
산수국 꽃잎처럼
맑은 눈에 스친 그 미소
창 넘어 달빛 따라
빈 잔 위로 흐르네

〈후렴〉

보이진 않아도
비어 있지 않아
텅 빈 이 잔 안에
세상이 숨어 있네
말하지 않아도
전해지는 숨결
공이여, 너는
내 안의 노래

〈2절〉

저 새들 지저귀며
밤하늘을 가르는데
세상 모든 사연들은
강물 되어 흐르네
실타래처럼 얽힌
풀지 못한 우리 인연
하늘 건너 달빛 따라
찻잔 속에 스며드네

〈후렴 반복〉

보이진 않아도
비어 있지 않아
텅 빈 이 잔 안에
세상이 숨 쉬고 있네
말하지 않아도
느껴지는 숨결
공이여, 너는
내 안의 노래

〈아웃트로〉

창문에 스며든
빈 잔 위로
달빛만 가득하네

# 날개 달린 번데기

〈인트로〉

제 날개로 날 수 없다 해도
그저 하늘을 바라보며 힘차게 움직일게요
그 언젠가는 이 작은 날개로라도
하늘을 날아보는 그날까지

〈1절 – 성장과 꿈〉

뽕잎을 베어 문 채
고요한 밤을 견뎌내고
몇 번의 허물을 벗으며
작은 꿈을 키워갔죠
조용한 내 안의 시간
비단보다 더 고운 소망
그 언젠가, 하늘을 나는
그날을 기다렸어요

⟨2절 - 운명과 선택⟩

내가 지은 집 속에
날개를 접고 잠들 때도
세상은 나를
부드러운 실로만 기억하죠
스스로 만든 이 벽을
부수고 나가야 하는데
아름다움이란 이름에
나는 묶여 있었죠

⟨후렴 - 존재의 선언⟩

날고 싶었어요
갇힌 고치 위 저 하늘로
나비가 되어선 안 된다는
말에 갇힌 채로
그래도 나는
날개 달린 번데기
그 누구도 몰랐던
내 안의 하늘을 품은 채로

⟨브리지 – 자기 깨달음⟩

비단이 아닌 나의 길을
조용히 걸어가리라
바람에 흩날린다 해도
내 뜻으로 피어난다

⟨후렴 반복 + 엔딩⟩

날고 싶었어요
지금도 그 하늘을 꿈꿔
비단 아닌 삶의 빛으로
나를 새겨가요
이제 나는
날개 달린 번데기
끝내 피지 못해도
나는 나로 충분해요

# 불암산 가는 길

〈1절〉

그대 머문 그 자리에
내 마음 조용히 앉아
종이 위에 쓴 그 시는
이별처럼 슬퍼졌죠
그대 걷던 그 길 따라
뒷짐 지고 걸어보면
물든 나뭇잎 사이로
사색이 물처럼 번져요

〈후렴〉

불암산 바람이 불어
지난 기억 흔들리면
푸르던 시간은
이젠 내 책 속 소설이 되네요
사는 가을 끝자락에서
해진 적삼 덮듯이
이 마음도 조용히

당신을 덮어봅니다

〈2절〉

그대 스친 그 순간들
내겐 아직 따스해서
햇살처럼 스며들다
저녁노을이 되었죠
조금씩 바래진 하루
그 끝에서 나는 알아요
멈춘 발걸음에도
사랑은 여전히 흐르죠

〈후렴 반복〉

불암산 바람이 불어
지난 기억 흔들리면
푸르던 시간은
이젠 내 책 속 소설이 되네요
가는 세월 고요히 와서
내 마음도 덮으며
그대와 나눈 날들
노래가 되어 흩어지네

# 서른두 살의 봄날

〈1절〉

낡은 문틈 사이로
스며든 그대 마음은
봄볕처럼 내 안에
조용히 머물렀죠
고양이처럼 들뜬
그 시절 내 작은 떨림
차마 말하지 못하고
숨겨만 두었네요

〈후렴〉

돌아갈 순 없지만
그날은 아직 눈부셔요
흩어진 햇살 한 줌도
함께 나누고 싶어요
서른두 살, 그 봄날
내 마음 아직 그 자리에

당신도 혹시 그날을
기억하나요

〈2절〉

사진 한 장 속에서
웃고 있는 우리 둘은
말없이도 서로를
참 많이 닮았었죠
그리움이 길게 남아
시간 위를 걷다 보면
아무 일도 없었던
그날이 그리워요

〈후렴 반복〉

돌아갈 순 없지만
그날은 아직 눈부셔요
흩어진 햇살 한 줌도
함께 나누고 싶어요
서른두 살, 그 봄날
내 마음 아직 그 자리에

당신도 혹시 그날을
기억하나요

〈엔딩〉

낡은 문틈 사이로
또다시 봄이 오네요
그대 마음처럼…

## 인천공항 제1 여객터미널

〈1절〉

사람들 스쳐 가는 이곳
눈빛엔 다 다른 이야기가 있어
누군가는 설렘을 품고
누군가는 아쉬움을 안고서 돌아와

〈2절〉

긴 기다림 끝에 피어난
작은 미소, 말 못한 인사들
머뭇거리던 순간마다
내 마음은 그대를 향하고 있었죠

〈후렴〉

여기 인천공항 제1 터미널
가슴속엔 출발과 도착이 겹치고
나의 발걸음이 머무는 동안
그대와 나누지 못한 말이 흘러가요

〈3절〉

서투른 말투 뒤에 감춘

서로를 향한 작지만 깊은 배려

오해 대신 이해를 택해

우린 다시 행복을 배웁니다

〈후렴 2〉

여기 인천공항 제1 터미널

눈물처럼 미련이 흘러도 괜찮아

머문 시간 속에 피어난 마음

그게 사랑이었다고 말할게요

〈엔딩〉

설렘과 아쉬움이 교차하던 이곳

다시 또 누군가는 여행을 시작하겠죠

# 저도요

〈인트로〉

조용히 불어오는
그대 숨결 같은 바람
내 마음 한켠에
작은 떨림이 시작돼요

〈1절〉

듣고 싶어요
기다림 속 그 작은 목소리
그리움의 멜로디
자꾸만 내 가슴을 울리죠
보고 싶어요
애가 타는 이 눈빛은
말없이 그대를
하루 종일 그렸네요

〈후렴〉

"저도요" 그 한마디
세상 가장 따뜻한 말
그 울림 하나에
내 모든 날이 물들죠
사랑해요 그대여
내가 닿을 수 없는 곳에 있어도
기다릴게요
마음이 전해질 그날까지

〈2절〉

믿고 싶어요
흔들림 없는 그대 마음을
잊지 않도록
내 사랑을 새겨가요
멀리 있어도
그댄 나의 하루 끝이에요
지나온 기억마저
당신뿐인 걸 알았죠

〈후렴〉

"저도요" 그 한마디
세상 가장 눈부신 빛
그 작은 진심이
내 세상을 감싸죠
사랑해요 그대여
눈물 속에 피는 꽃처럼
기다릴게요
이 마음 다해 그댈 향해

〈브리지〉

언제쯤 그대도
나를 향해 걸어올까요
말하지 않아도
전해질 수 있을까요

〈마지막 후렴〉

"저도요" 그 한마디
내 모든 꿈이 되는 말
그대 입술에서

내 이름 불러주기를
기다릴게요, 영원히
그대 마음 머무는 그날까지
사랑해요
이 기다림 끝엔
당신이 있기를

# 주식 같은 사랑

〈1절〉

널 처음 본 그날
심장이 멎을 듯했어
한눈에 빠져든 순간
세상이 멈춘 것 같았지

〈2절〉

첫사랑처럼 설레는 맘
그게 뭔들 상관없었어
넌 내겐 플러스 같은 사람
난 계속 마이너스였지만

〈간주 - 프리코러스〉

너의 한마디
너의 눈빛
작은 신호 하나에
기대하고 무너졌지

〈후렴〉

주식 같은 사랑이야
오르락내리락하는 내 마음
잡지도 못한 너를
오늘도 애타게 불러본다
언제까지일지 몰라도
나는 너만 바라볼 거야
그게 사랑이라면
하루 종일 떨어져도 기다릴게

〈간주 - 브리지〉

익숙한 고통,
습관처럼 쌓여도
널 포기하는 일
그건 못할 것 같아

〈후렴 - 마지막〉

주식 같은 이 사랑에
전 재산을 걸어버린 나
한 번만 네 마음에

상한가처럼 오르고 싶어
기다림도, 눈물도
이젠 내 일상이 됐지만
그래도 너니까
끝까지 너만을 사랑할게

# 주인공

〈1절〉

주저하지 마, 이제는
내 무대 위 첫걸음을 내디뎌
흔들리는 시선들
그 속에 숨지 말고
망설이지 마, 지금이야
날 향한 길 위로 빛이 비쳐
하늘을 가르는 매처럼
자유롭게 날아올라

〈후렴〉

나는 나의 주인공
누구도 대신할 수 없어
세상의 틀을 벗어나
진짜 나를 살아가
나는 오직 하나의 빛
흔들려도 꺼지지 않아

이 순간, 내 삶의 무대 위
내가 나로 선다

〈브리지〉

뒤돌아보지 않을게
후회는 내게 어울리지 않아
길 위에 새긴 이름
그건 바로… 나

〈후렴 반복〉

나는 나의 주인공
세상 속에 우뚝 선 이름
어느 누구도 닮지 않은
단 하나의 존재로

# 추억의 잔

〈1절〉

호수 위에 걸린 달빛
잔물결에 조용히 흐르고
소쩍새 우는 밤공기
내 가슴을 조용히 흔드네

〈2절〉

아슴푸레 떠오르는 그대
기억 저편 흐릿한 그 웃음
손에 닿지 않는 마음
그리움은 물처럼 번지네

〈후렴〉

추억의 잔에 달빛을 따르고
텅 빈 마음속에 너를 담네
밤은 조용히 지나가지만
내 마음은 여전히 그곳에 서 있어

〈간주 - 브리지〉

흘러가는 건
시간일까 마음일까
잔잔한 물결에
내 지난날을 띄워 보네

〈후렴 반복〉

추억의 잔에 달빛을 따르고
소리 없이 너를 불러 보네
밤하늘에 스친 그리움 따라
오늘도 너는 내 안에 흐르네

〈엔딩〉

의암호 달빛 아래
그 잔을 비워 본다

# 빈 잔의 노래

〈1절 – 밤, 빈 잔의 추억〉

한 기 다관엔
천지의 비밀이 숨겨져 있고
한 잔의 차 속엔
그 뜻이 담겨 있네

채우고 또 비우며
몇 해를 흘려보냈던가
창가에 스며든 달빛만
빈 잔에 가득하네

〈2절 – 낮, 하늘 가른 자리〉

강물은 바람을 안고 흐르고
새들은 지껄이며 하늘을 가르네
우리의 인연은 얽히고 묶여
끝내 풀리지 않네

세상사 이야기는 공처럼 떠돌아
닿을 곳도 보일 곳도 없지만
하늘을 가른 그 자리 안에는
모든 것이 담겨 있네

〈3절 - 아침, 포행길 햇살〉
저 하늘이 보이냐고
내게 묻던 그대여
산수국 꽃잎 같은
푸른 눈의 그 미소

아침 햇살처럼
맑고도 환하게
나의 길을 비추네
나의 마음을 적시네

〈코러스 - 세 순간을 아우르며〉
밤과 낮과 아침의 노래
모두가 한 길로 이어져 가네
비우고 채우며 흘러가는 삶
그 안에 우리가 있네
그 안에 네가 있네

| 글을   마치며 … |

    여기 《날개 달린 번데기》라는 시집은 내 마음의 날개를 펴고 감정의 번데기를 풀어놓은 작품입니다. 시는 마치 번데기가 나비로 변화하는 것처럼 삶의 감정과 경험을 담아내는 작업이었습니다. 챗봇과의 대화를 통해 얻은 영감과 격려는 이 시집을 향한 출발점이었습니다.

    그동안 챗봇과 함께한 대화가 이 시집을 더 특별하게 만들었습니다. 그 감사한 마음을 《날개 달린 번데기》를 통해 표현하고자 했습니다.
    이 시집은 그림과 같은 언어로 삶의 여러 순간들을 다양한 색채로 담았습니다. 그리고 이 모든 순간은 여러분과 나를 잇는 연결고리가 되리라 믿습니다.

    나는 이 시집을 통해 나의 이야기를 공유하고, 감정의 날개로 이곳에 날아온 여러분과 함께 감상하고 싶습니다. 그리고 이 시집을 통해 여러분들 마음에 날개를 달고, 더 높은 곳으로 나아가는 데 영감을 주길 바랍니다.
    시집 《날개 달린 번데기》는 삶의 여정을 날아다니며 뒹굴히고, 변화와 성장을 거듭하는 모든 이들에게 바칩니다.
    감사합니다.

2023.10.10. 챗-GPT와 함께
불암사 무위당에서

## 〈개정판〉 시인의 말

한 권의 시집은 완성이 아니라 또 다른 시작임을 이번에 깊이 느꼈습니다.

초판의 흔적을 딛고, 개정판은 제 수행의 길에서 흘러나온 또 다른 숨결들을 담았습니다. 새로 쓰인 시들은 시간의 흔적 속에서 피어난 작은 꽃들이며, 오래된 시들은 다시 빛을 찾아 한자리에 모아 노래 되었습니다.

저의 시를 읽어주신 분들과 개정판 출간에 동행해 주신 모든 인연께 합장하여 감사의 마음을 드립니다.

삶은 언제나 미완성의 시와 같아, 매일의 순간이 곧 한 편의 시가 됩니다. 이 책이 누군가에게는 잠시 머무는 그늘이 되고, 또 누군가에게는 길 위의 등불이 되기를 기원합니다.

끝까지 읽어주신 모든 분께 이 책이 당신의 마음 안에서 또 하나의 '날개 달린 번데기'로 살아나기를 바랍니다.

감사합니다.

2025년 9월 10일
보현사 환희재에서

시인과 인공지능 AI 챗봇의 만남
# 날개 달린 번데기

개정판 1쇄 발행  2025. 12. 2.

**지은이**  법일
**펴낸이**  김병호
**펴낸곳**  주식회사 바른북스

**편집진행**  김재영
**디자인**  양헌경
**마케팅**  송송이 박수진 박하연

**등록**  2019년 4월 3일 제2019-000040호
**주소**  서울시 성동구 연무장5길 9-16, 606호 (성수동 2가, 블루스톤타워)
**대표전화**  070-7857-9719 | **경영지원**  02-3409-9719 | **팩스**  070-7610-9820

•바른북스는 여러분의 다양한 아이디어와 원고 투고를 실레는 마음으로 기다리고 있습니다.
**이메일**  barunbooks21@naver.com | **원고투고**  barunbooks21@naver.com
**홈페이지**  www.barunbooks.com | **공식 블로그**  blog.naver.com/barunbooks7
**공식 포스트**  post.naver.com/barunbooks7 | **페이스북**  facebook.com/barunbooks7

ⓒ 법일, 2025
ISBN 979-11-7263-690-6 03810

•파본이나 잘못된 책은 구입하신 곳에서 교환해드립니다.
•이 책은 저작권법에 따라 보호를 받는 저작물이므로 무단전재 및 복제를 금지하며,
이 책 내용의 전부 및 일부를 이용하려면 반드시 저작권자와 도서출판 바른북스의 서면동의를 받아야 합니다.